Co napsat na tuto úvodní stranu o ROBERTU FULGHUMOVI (vyslovujte Fuldžumovi), aby se čtenáři jeho čtvrté knihy nenudili a aby se ti čtenáři, kterým se dostává do rukou poprvé, o něm něco dozvěděli? Bývalý kovboj, folkový zpěvák, obchodní agent, barman, učitel kreslení a unitářský pastor, dnes proslulý Robert Fulghum (nar. 1933) je autorem čtyř útlých knížek, které některým z nás v této době přicházejí vhod. První kniha drobných příběhů, úvah, zamyšlení, filozofických postřehů a kréd, hodících se do běžného života, nazvaná *Všechno, co opravdu potřebuju znát, jsem se naučil v mateřské školce* (All I Really Need to Know I Learned in Kindergarten), vyšla v New Yorku v roce 1988. Následovala kniha druhá *Už hořela, když jsem si do ní lehal* (It Was on Fire When I Lay Down On It) v roce 1989 a na podzim roku 1991 vyšla třetí kniha *Ach jo* (Uh–Oh). Čtvrtou knihu si může český čtenář přečíst téměř současně se čtenářem americkým. *Možná, možná ne* (Maybe, [Maybe Not]) vyšlo v USA letos v srpnu. Robert Fulghum má oproti jiným populárním hvězdám jednu výhodu: všechno na sebe ve svých knížkách poví. Netají ani ty nejskrytější pohnutky, které nejsou vždycky jen dobré. Neskrývá své nápady, o které by se mnozí nepodělili ani se svými nejbližšími. Nestydí se přiznat ke svým slabostem. Dokáže být upřímný tak, že tím druhé nadchne. Umí ze svých nejvnitřnějších pocitů vyslovit to, co je nám všem společné a povědomé – něco, k čemu se společnými silami upínáme.
Jedna změna: Robert Fulghum už nebydlí na hausbótu v Seattlu. Žije teď v jednom domě v ...., ale to si už možná přečtete. A možná ne.

ROBERT FULGHUM
V ČESKÝCH PŘEKLADECH

Všechno, co opravdu potřebuju znát, jsem se naučil v mateřské školce
Odeon 1991, přeložil Jiří Hrubý

Už hořela, když jsem si do ní lehal
Odeon 1992, přeložil Jiří Hrubý

Ach jo
Odeon 1993, přeložil Jiří Hrubý

ROBERT FULGHUM

MOŽNÁ, MOŽNÁ NE

Nápady z vnitřního světa

ODEON

PŘELOŽIL JIŘÍ HRUBÝ

ISBN 80-207-0484-1

JEDNOU JSEM SEHRÁL přátelské intelektuální hokejové utkání s rabínem. Snažili jsme se najít jediné slovo, které by shrnovalo lidskou moudrost. Rabín se vytasil s hebrejským slovem ,,timšel". To slovo je z nejstaršího příběhu společné četby nás všech – z Genesis, knihy počátku.

Po vyhnání z rajské zahrady měli Adam a Eva dva syny. Starší se jmenoval Kain. Byl to první člověk, který se nenarodil v ráji.

Kain vyrostl, obdělával půdu a své první plody chtěl obětovat Bohu. Jehova oběť nepřijal a vysvětlil Kainovi, že se zaplétá se zlem – číhalo za dveřmi. ,,Jenže," pokračoval Jehova, „ty nad zlem můžeš zvítězit a budeš žít plným životem."

To je stěžejní věta – to poslední, co Jehova Kainovi říká.

,,*Můžeš* nad zlem zvítězit a žít plným životem."

Klíčové slovo je hned to první, sloveso *můžeš*.

V hebrejštině ,,timšel".

To slovo učence a teology trápí už velice dlouho. Je uprostřed pasáže, která je považována za jedno z pěti nejobtížnějších míst v celém Písmu – nejobtížnějších na překlad i porozumění. V daném kontextu může to slovo nabývat různých významů, a zvláště to platí na ten rozhovor mezi Jehovou a Kainem.

Timšel se překládalo jako „musíš", což je příkaz, nařízení. Timšel také překládali, jako ,,určitě", což implikuje předurčení. Timšel dokonce překládali jako ,,nesmíš", z čehož cítíme beznadějnou závislost. Ze všech těchto interpretací vyplývá vztah k Bohu, který mnoho svobody neposkytuje.

Můj přítel rabín se domnívá, že praktické poselství té pasáže v Písmu se týká životaschopnosti – sděluje nám to ,,nebuď mrtvý" nebo ,,nebuď jen trpnou obětí – žij – buď aktivní". Rabín to chápe jako upřímnou radu: se zlem to není jednoduché – opravdu bys s tím *měl* něco udělat.

Stačí to dovést o krůček dále – když by člověk něco udělat *měl,* tak to udělat *může.*

Překládat timšel jako „můžeš" znamená použít slovo, z něhož vyplývá možnost volby. Tady nejde o teologické hraní se slovíčky. Rozhodně se dá tvrdit, že lidé přinejmenším jednají, jako by správná interpretace slova timšel byla „můžeš" – jednáme, jako bychom osud měli ve vlastních rukou.

Můžeme si myslet cokoliv a věřit čemukoliv, ale náš příběh se skládá z toho, co jsme skutečně *udělali.*

Člověk nemusí být teolog ani patřit k nějaké konkrétní náboženské skupině, aby se k této debatě připojil, ale k otázce „co je v životě možné" se každý vyjadřuje tím, jak vlastně žije. Každý tak či onak touto pravdou žije.

V moderní angličtině timšel jednoduše znamená „možná".

Možná. To je to naše slovo.

Ta nejmoudřejší odpověď na zásadní otázky.

Slovo, které nám ukazuje na otevřené dveře a široké obzory.

Nemyslím si, že smysl života je nějaká hádanka, kterou je třeba vyřešit.

Život prostě je. Já jsem. Stát se může cokoliv.

Zato si myslím, že *mohu* svůj život obdařit smyslem.

Nejistota je vlastně požehnání.

Kdyby mi všechno bylo úplně jasné, trávil bych život v hrozných úzkostech a bál bych se, že se ztratím. Ale protože všechno a cokoliv je vždycky možné, zázrak nikdy není daleko a divy stále přicházejí.

Věřím, že lidskou svobodu lze vyjádřit jedním slůvkem, které slouží jako cihlička přidržující dveře existence dokořán – *možná.*

PŘEDSTAVTE SI, že všechno, co vám za čtyřiadvacet hodin proběhne hlavou, by se přesně zaznamenalo na video. Sny v noci a fantazie ve dne, vnitřní rozhovory a rozmlouvání s bohy, hudba a vzpomínky roztroušené kolem a také všechny triviální nesmysly, které se nám v hlavě míhají.

A představte si, že by se všechen ten materiál dal promítnout v kině – na několika plátnech a mnohastopém přehrávacím zařízení. Nejspíš by to bylo dost parádní představení. Ani hudební kanál televize, video pro dospělé, představení science-fiction, cajdák od Harlequina, CD-ROM a *The National Inquirer* dohromady se nemohou vyrovnat tomu, co se odehrává za zavřenými dveřmi tajných zákoutí naší mysli.

Podstatným slovem je v této souvislosti adjektivum *tajný*.

Veřejný život vedeme v zaměstnání a na tržišti, kde většinu z nás udržují v lajně jistá pravidla, konvence, zákony a zvyklosti.

Soukromý život vedeme před rodinnými příslušníky, přáteli a sousedy, jež všechny musíme respektovat a brát na ně ohledy, i když pravidla a zákazy jsou poněkud uvolněnější než na veřejnosti.

Zato v našem *tajném* životě, v tom, který se odehrává ve vnitřním světě vlastní hlavy, je dovolené prakticky všechno.

Pouze my sami odpovídáme za to, co si myslíme a děláme, když se to nikoho nedotýká ani není nikdo nablízku. Kategorie ,,skutečnost" a ,,výmysl" tady ztrácejí smysl. Jsou sny pravdivé? Jsou vaše představy přesné?

V pevných hranicích z masa a kostí je nekonečná džungle s mýtinami. A na těch volných prostranstvích může být třeba lunapark nebo zoo, cirkus, knihovna, muzeum, divadlo, případně krajina podivnější než ta na Marsu.

Sami o sobě smýšlíme v první osobě jednotného čísla – „já“ –, ale uvnitř je to spíš první osoba plurálu. Můj vnitřní život většinou vypadá jako vystoupení břichomluvce. Je to nekonečný dialog mezi mnou a mým němým já. Divné je, že ten nemluva je chytřejší než já.

Vypadá to, jako bychom s mým němým společníkem měli spoustu kamarádů. Je tu s námi úplný zástup lidí. Dítě a jeho rodiče. Starý moudrý pán. Opravář, démoni, cvok, vědec, komik, hudebník, tanečník, sportovec, kouzelník, profesor; Romeo, cenzor, policajt, hasič a spousta dalších. Krajinu těch mých nespojených států obývá populace menšího města. A městská rada zasedá neustále.

Úplně chápu příběhy o lidech se skrytým druhým životem, které se občas objevují v bulvárních novinách. Pro mě to není nic nového. V tom nejlepším slova smyslu mám v hlavě útulek, takové útočiště. Není to vůbec žádný problém. Dokud nechávám žaluzie zatažené, dveře zavřené a nikoho nepouštím ven, všechno je v pořádku. Dokud nad svým tajným životem neztratím kontrolu, svět mě vnímá jako osobu duševně zdravou a fungující. Opravdu takový jsem? Někdy se to těžko poznává.

Ti, kdo tajný život pečlivě zkoumali – lidé jako Freud a Jung –, používají metafor k popisu toho, jak tajnému životu bráníme, aby způsoboval chaos v životě osobním a veřejném. Hovoří o „strážných“, „superegu“, „dozorčích“ a „vnitřních rodičích“.

Mou osobní metaforou je *výbor.*

A jeho předsedou je můj mlčenlivý břichomluvec.

Za členy svého výboru považuji kompromisníky, kteří třeba prohlašují: „Když vyloupíš banku, je to asi tak deset ku jedné, že tě FBI chytí a skončíš na pěkně dlouho ve vězení.“ Nebo: „Když povíš lidem, že rozmlouváš s Bohem, řeknou ti, že jsi nábožensky založený, ale když řekneš, že Bůh mluví s tebou, je to asi tak deset ku jedné, že tě budou považovat za cvoka.“

Skoro všichni se tu skoro pořád motáme, v hlavě nám pulsují ty nejneuvěřitelnější věci a my přitom bezpečně zvládáme povinnosti vyplývající z veřejného i soukromého života. V tajném životě se většinou neodehrává nic zcestného. Někdy je to zábavné, často banální a obyčejné – nic dramatického ani démonického. Jde jen o nezbytnou údržbu v zákulisí života, jíž na hromady třídíme zmatenou směsici materiálu podle toho, co funguje a co ne, co je použitelné a co není.

Francouzi mají pro jeden aspekt tajného života kouzelné slovo.

La Perruque. Znamená to „paruka“. Ve slangu se to slovo používá na určitý druh přetvářky. Označuje činnost, kterou se zabýváte pro sebe, když na oko děláte to, za co jste placeni. Když jste třeba písařka, ale v pracovní době u svého stolu zrovna píšete dopis milenci, je to *la perruque.* Když si v práci vyřizujete soukromé hovory, nakupujete na služební pochůzce nějaké drobnosti, jen tak si sníte nebo dokonce využíváte pracovní dobu k vyrábění seznamu věcí, které je třeba vykonat přes víkend, to všechno je *la perruque* – vyřizujete si osobní záležitosti pod pláštíkem práce pro svého zaměstnavatele. Není to žádná zlodějna. Je to důkaz, že *veřejný* život, *osobní* život a *tajný* život všechny probíhají současně a paralelně. *La perruque* v zaměstnání se zase kompenzuje časem, kdy na dovolené přemýšlíte o práci.

V chodu rodiny je tajný život bohatě zastoupený.

Můj nejstarší syn je dnes muž. Je mu dvaatřicet, je dospělý. Už ví o penězích, sexu, lásce, práci – o úspěchu i nezdarech. V mnoha ohledech mi stojí po boku.

Nedávno jsme spolu šli na pivo a on se mi svěřil s věcmi, na které jako kluk myslel nebo je dělal za mými zády. A já se zase přiznal, co jsem věděl, že si myslí a dělá, ale nijak jsem nezasahoval, protože se s tím nedalo nic dělat – v jeho věku jsem dělal to samé nebo ještě horší. Hrál jsem na veřejnosti úlohu rodiče, ale stejně jsem dosud byl bouřící se puberťák nebo vystrašené dítě. *La perruque* – vždycky existuje nějaký pláštík.

Nebo si vezměte takovéhle rodinné tajemství.

Otec mého kamaráda nečekaně zemřel ve věku dvaaosmdesáti let. Ten kamarád byl jeho jediné dítě, byl rozvedený a jeho děti bydlely moc daleko, aby mohly přijet na pohřeb. Okamžiky velké opuštěnosti.

Otec byl vážný, věcný člověk bez smyslu pro humor a celý život pracoval jako strojní inženýr. Fantazie ani lásky v sobě moc neměl. Můj kamarád si svého otce vážil, ale jejich vztah byl formální a dost odtažitý. Ale teď byl otec po smrti a syn se stal jediným dědicem.

Úřady do pozůstalosti zahrnují peníze, akcie, obligace, životní pojistku, šperky a také všechny cenné drobnosti, kterým se dá přisoudit cena a může se tak na ně uvalit daň. Ale vždycky ještě zbývají i jiné věci – maličkosti, životní suvenýry a různé pošetilosti. Ty bývají přechovávány na místech, často dobře ukrytých, kam se, pokud jsou rodiče naživu, nikdy neodvážíte. Teď se tam ale podívat musíte. A rozhodnout, co se schová a co se zahodí. Smrt vás oprávnila ke vstupu do předpokoje tajného života vašich rodičů.

Obvykle tam je zásuvka. Ta vrchní. V prádelníku v ložnici.

V našem případě byl otec pořádný pán. Na jedné straně vrchní zásuvky měl všechny ponožky poskládané a roztříděné podle barev – hnědé a černé. Na druhé straně několik krabiček a tabatěrka.

V jedné krabičce odznaky od letectva – z uniformy a čapky. V jiné různé šperky – spony do kravat, výztuž do límečků, košilové knoflíčky, několik cizích mincí a tři klíče. Ten starý pán si schovával snubní prsten po manželce v původní krabičce od zlatníka a měl u něj pramínek jejích rusých vlasů.

A v ploché tabatěrce, zabalené v hedvábném papíru, byly malinké zoubky pečlivě přilepené na kartičce a pod každým bylo otcovou rukou napsané datum. Lidské zuby.

Tenhle nález byl trochu šokující.

Otec mého kamaráda si schovával dětské zoubky.

A kamarád si celé ty roky myslel, že je schovává matka.

Ne všechna rodinná tajemství jsou něco nepříjemného.

KDYŽ SE MÉ DOSPĚLÉ DĚTI přiznávají, co jako malé prováděly za mými zády, vůbec je nenapadá, že také já za jejich zády pár věcí spáchal. V zájmu upřímnosti k ženě a dětem nyní doznávám toto:

Jednou jsem při výměně oleje v autě použil hlubokou pánev na čínu.

A plachtu jsem stříhal normálními nůžkami.

Boty jsem si čistil houbičkou na nádobí.

Někdy jsem řekl, že kafe, které jsem udělal, je bez kofeinu, i když nebylo.

Ano, to já jsem snědl tu čokoládu na vaření.

Křečci neumřeli sešlostí věkem.

Někdy jsem na dárcích schválně nechával cenovky. Někdy jsem je dokonce dával tak, aby byly víc vidět.

Vždycky jsem si z peněz, které babička posílala k vánocům, oddělil do vlastní kapsy.

Lhal jsem, když jste byli v pubertě a já říkal, jak vám to sluší.

Když jsem vařil a říkal jsem, že to není ze zbytků, tak to často ze zbytků bylo.

Předplacený *Playboy,* který chodil několik let, nebyl dárek od kamaráda.

Pamatujete se, jak se všechno staré bílé spodní prádlo v pračce obarvilo na růžovo? Tak to nebyla náhoda.

Vím, kdo vám posílal anonymní přání k Valentýnovi.

Vím, kdo mi bral z peněženky peníze.

A vím, že vy víte, kdo bral peníze z prasátek.

Někdy jsem říkal, že se mi po vás stýská, i když jsem byl vlastně rád, že můžu být chvíli sám.

Vždycky jsem říkal, že jsem na vás pyšný – i když jsem věděl, že byste se mohli snažit víc.

Někdy jsem vás nechal, ať radši lžete, protože pravda byla pro nás pro všechny moc tvrdá.

Někdy jsem říkal „Mám tě rád“, i když jsem vlastně neměl rád nikoho, ani sebe.

Vaše matka i já jsme na vánoce dělávali Santa Clause.

Ale velikonoční králík jsem byl vždycky já.

KONCEM LEDNA trůní na kraji mého psacího stolu poinsetie v květináči.

Já vím, že se ta kytka úplně správně píše ,,poinsettie", neboli mexický pryšec.

Je mi to jedno.

A moc se snažím, aby mi právě tahle kytka byla lhostejná.

Protože já v jejím životě hraju úlohu kata.

Od nepaměti vždycky v prosinci do mého života vstupuje alespoň jedna poinsetie v květináči. Já je nikdy nekupuju. Vždycky mi ji někdo dá. Na rozdíl od jiných květin, které se dávají k určité příležitosti – lilií, narcisů, karafiátů a tak podobně –, vám poinsetie prostě jenom nepřinesou jakési poselství a pak si neumřou a nenechají vás na pokoji. Mají životnost srovnatelnou s mořskými želvami a jsou houževnaté jako kaktusy. I když je zanedbáváte, tak ony se drží a drží a drží. Pokud se jim dostane péče, klidně z nich vyroste křoví pět metrů vysoké.

Víte vy vůbec, jak se něco takového připletlo k vánocům? Může za to Joel Roberts Poinsett. Žil v letech 1779 až 1851, pocházel z Jižní Karolíny a celý život strávil coby politik – nejdříve ho zvolili do Kongresu a skoro celý zbytek života pak byl v diplomatických službách v různých zemích na jihu, hlavně v Mexiku. Poinsett se vším rád manipuloval a podařilo se mu tolikrát zaplést do mexické politiky, že ho úředně prohlásili za *personu non grata*. Mexičané pak podobné vměšování začali označovat slovem *poinsettismo*.

Když se Poinsett vrátil do Spojených států, přivezl s sebou kvetoucí rostlinu, která měla vědecký název *Euphorobia pulcherrima*, ale na jeho počest se jí začalo běžně říkat poinsettie. Díky červeným a zeleným zimním listům rychle zaujala v našich vánočních tradicích čestné místo. A v lednu pak je na obtíž. Přemýšlím o rostlinách v květináči na mém stole a dochází mi konkrétní význam slova *poinsettismo* – ta problematická kytka se mi míchá do života.

Být to na mé ženě, tak jsme si nechali každou poinsetii, která se kdy dostala přes náš práh. Z našeho domu se mohla stát rezervace pro poinsetie. Lynn by ve své laskavosti nikdy vědomě nezabila nic živého. Vysvětlovat jí, že poinsetie nejsou štěňata, nikam nevede. Ona prostě nesnese, aby se nechaly po domě pomalu uschnout a zahynout. Tajně je zalévá, když já nejsem doma. Kdysi u nás poinsetie bojovaly o život až do července. Nakonec jsme se dohodli, že se s poinsetiemi „něco" stát musí, jenže moje žena nechce přesně slyšet co.

Jako obvykle jsem rodinným zločincem já. Dělám ty největší špinavosti. Hubím brouky a myši, vyhazuju zvadlé kytky a z ledničky odstraňuju mumifikované zbytky. A starám se o to, aby mizely poinsetie.

Na naléhání mé ženy jsem zkusil pár humánních opatření. Ale pochopil jsem, že chtít se v lednu zbavit poinsetie je jako vykládat v srpnu hromadu tykví. Ani sousedé, ani Armáda spásy zájem neprojevili. Nepomohlo, když jsem poinsetii nechal na lavičce na zastávce autobusu – doufal jsem, že ji někdo adoptuje. Byla tam ještě po třech dnech. Moje žena ji zachránila a přinesla ji zase domů. Stejný výsledek mělo, když jsem ji hodil do nedalekého kontejneru na odpadky.

Pokusil jsem se ženu zainteresovat na obřadu nazvaném „Svobodu poinsetiím", což obnášelo vyndat rostlinu z květináče, s poctami ji v našem přístavišti spustit na vodu a nechat ji, ať si odpluje doprostřed jezera. Třeba ji ožerou nějací živočichové a zbytek splyne s nekonečným koloběhem rozkladu a návratu, jehož je vše živé součástí. Organické řešení s kosmickým nádechem. Jenže známý, který pozoruje ptactvo, nám řekl, že poinsetie je jedovatá pro kachny. Ty krásné červené listy jsou jedovaté.

Jednoho roku jsem poinsetii nechal venku, když padal sníh. Vypadala tak moc pěkně – a byl to velmi jednoduchý způsob. Jestli si se zimou neporadí, tak spánembohem. Měli jsme ji ještě v březnu.

Mlčky jsme se nakonec usnesli, že blíže neurčeného lednového dne pokradmu vynesu poinsetii ven. Vezmu ji do své kanceláře, kde ještě bude nějakou dobu žít, dokud neumře. Správce ji pak vyhodí. Tak to bude. Úplně jednoduché.

Tedy ne zase tak docela.

Já jsem totiž ve svém tajném životě v této otázce rozdvojený.

Tak jako v mnoha případech, i trivialita může být důležitá.

Jedno moje já si myslí, že bych měl být na straně něčeho tak krásného, co se zuby nehty drží života bez kdovíjaké pomoci ode mne. Uprostřed zimních chmur přinášejí poinsetie život. Stačí je jenom občas zalévat a klidně mě přežijí. Měl bych si poinsetií vážit a nechat si je vysázet na hrob.

A mé druhé já zase radí, abych to s tím filozofováním nepřeháněl. Ty kytky jsou postradatelné vánoční ozdoby. Žádné antropomorfní metafory se na ně nehodí. Poinsetie je kytka v květináči, nikoliv paradigma existence. Když si své odslouží, putuje do popelnice. A basta.

Když jsem dnes ráno přišel, poinsetie byla trochu splihlá.

Tak. Zalil jsem ji.

Ne moc. Nechci ji kdovíjak oživovat.

Možná zahyne přes víkend. Možná ne.

ROZPOLCENOST V NAZÍRÁNÍ osudu poinsetie je celkem typická ukázka toho, jak většinou uvažuju. I když jsem nepochybně schopný přijímat rozhodnutí a mířit vpřed, uvnitř hlavy mám takový kaleidoskop – vždycky když s ní zatřesu, jako by se tam objevil nový obrázek. Jeden vzdálený příbuzný mi sdělil, že mottem vepsaným do našeho rodinného znaku jsou slova *soyez ferme* – „buď pevný". To je tedy legrace. Pro mě, v mém tajném životě, je opravdickým mottem „forsan, non forsan". Možná, možná ne.

Jednou jsem si začal psát seznam protikladů, kterých se držím.

Dvakrát měř a jednou řež.
Kdo zaváhá, nežere.

Víc hlav víc ví.
Spoléhej sám na sebe.

Kdo se bojí, nesmí do lesa.
Opatrnosti není nikdy nazbyt.

Sejde z očí, sejde z mysli.
Ztratíš mě, poznáš mě.

Zdání klame.
Šaty dělají člověka.

Co můžeš udělat dnes, neodkládej na zítřek.
Zítra je taky den.

Starýho psa novým kouskům nenaučíš.
Na učení není nikdy pozdě.

Vrána k vráně sedá.
Protivy se přitahují.

A tak dále. Seznam pokračuje do nekonečna. Jednou jsem v podobných úvahách uvízl natolik, že jsem měl při hodině výtvarné výchovy na plášti dvě placky. Na jedné stálo: ,,Věř mi, já jsem učitel." A druhá odpovídala: ,,Diskutuj s nadřízeným."

Obyvatelé Vídně mají na schopnost protloukat se každodenním životem navzdory všem rozporům krásné slovo. *Fortwursteln* – je to výraz, který znamená vydržet dlouhou dobu o malých párcích a malých bramborech. Dále nám to slovo připomíná Hanse Wursta, kašpárka z loutkových představení, jehož specialitou je vytváření zmatku a naprostá nerozhodnost. *Fortwursteln* poukazuje na schopnost věci zvládnout a plahočit se dál – fungovat mezi možná a možná ne.

O této dichotomii přemýšlím při návštěvě jednoho zvláštního místa v našem hlavním městě. Na západním konci Constitution Avenue ve Washingtonu D. C. je památník se sochou. Z ulice ho zakrývají jilmy a cesmíny. Je to bronzová socha Alberta Einsteina.

Je vysoká šest a půl metru a spočívá na třístupňovém podstavci z bílé žuly. Einstein je zachycen v pohodovém rozpoložení – má plandavý svetr, zmačkané manšestrové kalhoty a sandály, vlasy jako obvykle rozcuchané. V obličeji se mu zračí směs moudrosti, klidu a údivu. Máme před sebou člověka, jenž žije v harmonii s ohromným horizontem existence.

Je příznačné, že se mu u nohou rozkládá model jeho ,,laboratoře" – mapa vesmíru – žulová plocha přes osm metrů dlouhá, do níž je zasazených 2700 kovových cvočků. Ty znázorňují relativní polohu planet, hvězd šesté velikosti a dalších vesmírných těles v postavení, v jakém byly v poledne 22. dubna 1979, kdy byl památník odhalen.

Ta socha je velmi dobře umístěná – s ohledem k dalším významným místům.

Hned za sochou Einsteina je budova Národní akademie věd. Na východě se tyčí bílý obelisk Washingtonova památníku a ještě dál pak budova Kapitolu Spojených států amerických.

Na jihu se za travnatou plání do země zařezává památník obětem z Vietnamu. Je z lesklé černé žuly.

Napravo ze své mramorové rotundy hledí vážná tvář Abrahama Lincolna.

A za řekou Potomac je zvečera vidět plamen plápolající na hrobu Johna Kennedyho.

Při každé návštěvě Washingtonu se jdu na chvíli posadit Einsteinovi na klín a přemýšlím. Láká mě jeho nálada, na jeho koleně mi je dobře. Všemi směry je vidět tolik důkazů lidského úsilí. A Einsteinovo koleno je průsečíkem, kde se střetávají ohromné síly – síly pocházející ze složitého lidského sklonu k bolesti a žalu, naději a slávě, údivu a posvátné úctě.

Einstein nejvíce ze všeho toužil odhalit jeden jediný zákon, který ovládá chod vesmíru. Zachytit v jediné maximálně zjednodušené rovnici jednotící vlastnosti prostoru, času, hmoty, energie, gravitace a elektromagnetismu. Usiloval o vypracování sjednocené teorie pole. Nepodařilo se mu to.

Neřešitelné rozpory jeho geniálnímu mozku odolaly.

Na konci rovnice nejlepších plodů jeho myšlení zůstává mnohoznačnost.

Einstein na svých rovnicích pracoval v neviditelném abstraktním světě kvantové fyziky. A jeho závěry se shodují s každodenní zkušeností. Einstein žil, jako žijeme i my, v dvoupólovém světě, kde proti sobě stojí mokro a sucho, láska a nenávist, mír a válka, věci tvrdé a měkké, světlo a tma, ano a ne.

JMENOVALA SE „LOVEY“. Je to opravdové jméno a reálná osoba. Naučila mě klít a šňupat, zpívat blues a žehlit košile. Pět dní v týdnu u nás doma uklízela a vařila. Když jsem chodil na střední školu, máma dělala v rodinném podniku. Vždycky jsem odpoledne přišel domů a Lovey se o mě postarala. A vyučovala mě tomu, co se ve škole neučí.

Byla mladá, mohlo jí být tak pětatřicet, měla jemné rysy, černé kudrnaté vlasy a světlehnědou pleť. Měla jemná a pečlivá gesta, vyhraněné, jednoznačné názory. Byla svobodná a starala se o slepého otce, který ve středu města hrával na kytaru a zpíval a na chodníku před sebou měl plechový hrnek.

Lovey nezapadala do představy chudé černošské hospodyně, která si prozpěvuje gospely. Možná se na ni tak dívala moje matka, jenže za jejími zády si Lovey z matky dělala legraci, zpívala sprosté písničky, šňupala tabák, nadávala na bělochy a mluvila sprostě, což vzpurnému puberťákovi, jako jsem byl já, velmi imponovalo. Matka se domnívala, že mě Lovey hlídá, jenže ona byla vlastně nejvyšší kněžka, která měla na starost rituály mého dospívání, čímž se stala jednou z nejdůležitějších postav v mém životě – tehdy i teď.

Jednou mi podala svou plechovku se šňupacím tabákem s tím, že je jí jasné, jak už se na to třesu, až se někdy nebude dívat, tak ať se to šňupání aspoň naučím pořádně.

To chce nejdřív na zahradě ulomit větvičku a její konec rozkousat, aby byl měkký a vlhký. Pak se větvička ponoří do tabáku, dá se pod jazyk a ocucá se.

Asi třikrát jsem to tak udělal a bylo mi špatně – točila se mi hlava a musel jsem si na chvíli lehnout. Můj obdiv k Lovey ještě stoupl, protože s ní silný tabák nic nedělal, a se mnou ano. Ale díky ní jsem se mohl vytahovat před kamarády: „No jasně, že už jsem šňupal.“

Ze stejných důvodů mi poprvé dala napít domácí kukuřičné kořalky. Následky byly obdobné. Po zbytek života jsem se šňupacímu tabáku i kořalce vyhýbal.

Když matka nebyla doma, Lovey zpívala blues. Já tehdy nevěděl, že to je blues. Myslel jsem si, že to prostě jsou nějaké její písničky. Nezpívala o Ježíši, nebi a nebeských spřeženích. Zpívala o tom, jaké je to ráno vstát a zvládat běžný provoz. Zpívala o lásce, sexu a žalu. O zklamání a prázdné kapse, o střeše, kterou zatéká, o bocháncích s želé a o tom, že je třeba chytit vlak do Chicaga a najít chlapa, který by byl lepší než ten, který už stejně nikdy nepřijde.

Já to chápal. Jak já jsem to chápal. Byl jsem v pubertě. Byl jsem mrňavý, nadupaný, ošklivý, hubený, uhrovatý a osamělý. Potřeboval jsem peníze, příjemné chvilky a příjemnou ženu, a taky lepší známky a vlastní auťák.

Stačí zazpívat si blues.

Když mi sebevědomí výrazně stouplo díky ortodontii, hormonům, genům, střapatým dlouhým vlasům a chevroletu ze sedmatřicátého, Lovey mi oznámila, že nastal čas, abych se naučil vyžehlit si košili.

Já vůbec netušil, co žehlení košile obnáší, protože Lovey vždycky žehlila o samotě. V nejlepší místnosti z celého domu – v jídelně –, protože tam bylo světlo a pěkný výhled na ulici. Někdy jsem dorazil ze školy a Lovey právě končila – to měla vždycky výbornou náladu – sama se sebou rozmlouvala, zpívala si a smála se.

Ale já Lovey obdivoval natolik, že jestli se k ní žehlení hodilo, pak se muselo hodit i ke mně.

A tohle jsem se naučil.

Tak především to chce pořádné košile – z bytelné bílé bavlny –, jinak ztrácíte čas. Rozhodně zkontrolujte kapsy a pořádně košile vytřepte, aby na nich nezůstaly nějaké chuchvalce nebo smítka. Zkontrolujte, jestli jsou všechny knoflíky v pořádku a na svém místě. A pak je třeba je pořádně vyprat. Bílé se pere zvlášť – nikdy nemíchejte barevné s bílými dohromady. Vezměte trochu bělidla, mokřidla a škrobu, aby košile vylezly ven v barvě jinovatky. Pověste košile venku na sluníčku a nechte je tam, dokud nejsou skoro suché. Zabalte je do čisté, vlhké bílé utěrky a vrazte je do ledničky.

Pak si připravte žehlicí prkno a dbejte, aby plátno na něm bylo čisté a napnuté. Dejte prkno na správné místo – někam, kde jste rádi a kde je vám dobře. Vezměte láhev od koly s rozstřikovačem a dejte do ní studenou vodu. Připravte si ramínka. Vezměte žehličku – pořádnou masívní žehličku – a přesvědčte se, že je zespodu čistá. Zapněte ji a nastavte na maximum. Na chvilku si sedněte a dejte si kafíčko. Nikam nepospíchejte.

Vyndavejte košile z ledničky jednu po druhé. Hned od počátku vám musí být jasné, že každou košili přežehlíte třikrát. Poprvé vyhladíte pomačkaná místa a košili tak jako „nastavíte". Nyní stříkněte trochu vody na všechna místa, která nejsou vlhká. Po druhém žehlení musí být košile suchá a hladká. Při třetím žehlení se vyřeší detaily a dokončí límeček a manžety tak, aby byly řádně tuhé.

Pokaždé je třeba postupovat v tomto pořadí: manžety (z obou stran), rukávy, límeček (z obou stran, nejprve zezadu, žehličkou jedeme od stran doprostředka), pak zapínání (nejprve na rubu, odshora dolů, látku se snažíme roztáhnout), potom zepředu až úplně dozadu, pak opatrně kolem knoflíčků.

To vše ještě jednou, tentokrát si zvlášť vyhrejte s rameny a sedlem – podle toho se pozná profesionál. Dbejte na to, aby košile byla naprosto suchá.

Nakonec už jenom zkontrolujte, že po vás nezůstala jediná zkrabaceninka a že manžety a límeček jsou dokonale hladké. I ten nejzdatnější řemeslník musí svou práci prohlédnout kritickým okem.

Pak košili opatrně pověsíte na ramínko a zapnete jedině horní knoflík. Nakonec ji pověsíte na sluníčko, aby voněla čerstvým povětřím. Když máte jednu košili hotovou, posaďte se, udělejte si přestávku a trochu si šňupněte.

Nikdy, nikdy nepospíchejte – jinak spálíte košili a taky si spálíte duši.

Když jsem nadával, že to je kvůli takové jedné košili teda pořádná fuška, tak mi Lovey vysvětlila: „Nikdy není marný umět aspoň něco pořádně, a když to neuděláš pořádně hned napoprvý, tak kdy budeš mít čas se k tomu vrátit a předělat to?"

Vyžehlit košili trvalo Lovey asi tak stejně dlouho jako mně popsat její postup – nepospíchala, ale práce jí šla od ruky. Mně vyžehlení jedné košile trvalo skoro celé odpoledne. A to jsem ještě spálil límeček. Ale po čase jsem získal ten správný grif. Byl jsem dost pyšný, když si mnou vyžehlenou košili Lovey prohlédla a prohlásila, že to na bílého kluka docela ujde.

A měla pravdu – po úspěších i nezdarech při všem možném, o co jsem se pokoušel, někde v sobě chovám tuto neochvějnou pravdu: aspoň umím pořádně vyžehlit košili. Košili, kterou by klidně mohli dát do žehlířské síně slávy.

V roce 1972 jsem odjel do Japonska, abych tam žil v buddhistickém klášteře – hledal jsem duchovní osvícení. Nemohl jsem se přizpůsobit přísné disciplíně, jakou vyžadovala tichá meditace vsedě, a tak mě seznámili s meditací aktivní. Ta probíhá o samotě a potichu a obnáší běžné úkony, které se záměrně provádějí s ohledem na soustředění mysli. Takhle mi to učitel vysvětlil: „Když tomu věnujeme patřičnou pozornost, může se z každé činnosti stát okno do vesmíru a dveře k porozumění."

Uhrabával jsem štěrkové pěšinky v klášterní zahradě a najednou mnou proběhl ten pocit „ale samozřejmě". Pochopil jsem, že už to znám. Tady nejde o buddhismus, ale o loveyismus. Pořádně uhrabat štěrkovou cestičku je totéž jako pořádně vyžehlit košili.

Tak jako se to v mém životě stalo mnohokrát, vynaložil jsem dost námahy a peněz, abych přišel na něco, co už jsem věděl.

Na detaily při žehlení košile si vzpomínám proto, že to tak dělám dodneška.

Ještě dnes si zpravidla svoje košile žehlím sám.

Protože jsem při tom příjemně sám.

Tak jako všichni vychutnáváme samotu, když si stříháme nehty, koupeme se, holíme se, plejeme zahradu, sekáme dříví, pleteme, pečeme chleba nebo venku věšíme mokré prádlo.

Jistě že jsou tyto činnosti někdy jenom osobní záležitosti a běžné plnění úkolů. Ale velice často při takových okamžicích přemýšlíme a hovoříme sami se sebou.

Nebo meditujeme – dokonce se modlíme.

Jen to, že zrovna neklečíte v kostele nebo nedřepíte nehnutě celí zdřevěnělí, přece ještě neznamená, že nemůžete rozmlouvat s Bohem. Jen to, že vy i Bůh máte moc práce, přece ještě neznamená, že nemůžete být ve spojení.

Takové okamžiky jsou posvátnou částí tajného života.

Díky takovým okamžikům si udržuju duševní zdraví.

Když jsem matce kladl nepříjemné otázky, vždycky se složitému vysvětlování vyhnula větou: „Jednou to pochopíš.“ A Lovey mě naučila, že si během čekání na jakési pochopení třeba můžu vyžehlit košili.

TENTO TÝDEN JSEM VYPLŇOVAL nějaký formulář a říkal jsem si, kolikrát už jsem v životě musel napsat své jméno, místo narození a adresu. Vypadá to jako velmi jednoduchá informace, ale jsou s tím jisté komplikace.

JMÉNO________________________

První vynechané místo na vašem rodném listě a také na všech formulářích a přihláškách, jaké budete po zbytek života vídat. Nicméně „jak se jmenujete?" a „jak vám lidé říkají?" jsou otázky, na něž se odpovědi mění.

Rodiče mi vybrali jméno „Robert Edward Lee Fulghum", protože můj otec baštil občanskou válku a obdivoval toho generála. Ale na matriku byla čtyři jména moc, a tak se naši usnesli na „Robertu Lee Fulghumovi". A když jsem se jich zeptal, proč zrovna Robert, tak nevěděli.

Naši mi většinou říkali „Bobby Lee".

„Sonny boy" mi říkal otec celý život – když jsem byl kluk i pak jako dospělému. V den, kdy jsem šel poprvé do školy, a večer, kdy jsem odjížděl vlakem na vysokou, a večer, kdy jsem se ženil, a také když se mi narodilo první dítě, vždycky to bylo stejné: „Tak hodně štěstí, sonny boy."

„Bobr Bob" mi říkali kamarádi v chlapeckém klubu na nižší střední škole – než se do mých zubů pustili na ortodontii.

„Pohodovej Bobby Fulghum" – už po rovnátkách na gymnáziu.

„Šestatřicítka" bylo moje šťastné číslo na rodeu.

„Velkej mourek" mi říkala Marylin, moje první láska. Myslete si, co chcete.

,,Fulghy" – na vejšce; a ještě i dnes mi tak říkají kamarádi při pokeru.

,,Tati" mi říkají děti.

,,Podporučík Fulghum" jsem byl, když jsem nastoupil jako pastor u námořnictva.

,,Pan reverend Fulghum" – po vysvěcení na pastora.

,,Strejda Bob" jsem byl pro studenty při výtvarné výchově.

,,Ano Ne" mi říká moje druhá žena. (Japonsky to znamená ,,hej, ty".)

,,Zulu Delta Ground." To je radioamatérská přezdívka – kód, který jsem měl přidělený, když jsem byl na soutěži kluzáků mezi členy týmu, kteří zůstávali na zemi.

,,Kapitán Školka" mi začali říkat známí po první knížce.

,,Doktor Pohoda" mě někdy označují recenzenti.

,,Drahý." To se vyskytuje například jako ,,Drahý pane Fulghume." Také to používá moje žena, když je dusno, třeba takhle: ,,Budeš se tady, *drahý,* procházet v těch zablácenejch botách?"

,,Dědeček" a ,,Taťka" mi říkají Sára, Max a Brie.

,,Robert, žádnej Bob." Tohle jsem vždycky říkal já ostatním, ale nikdy to nefungovalo. Oni prostě říkali: ,,No jasně, Bobe, jak chceš."

,,Funky Bobby Fulghum" jsem, když hraju v rock-and-rollové kapele.

Ještě mám i další jména – celkem je jich asi třicet –, ale tohle už stačí, abyste si udělali obrázek. Všechno to jsou jména, která mi dali jiní lidé. Ale ne jména, jaká bych si dal sám. Moje jméno není moje, je jejich. Je to celá řada převleků, které na můj život navlékají ostatní.

Vzpomínám, jak jsem v nějaké knížce o antropologii četl o zemích jiných kultur, kde člověk dostává jméno, až když je dost starý, aby si jméno mohl vybrat sám. To by se mi líbilo.

Na střední škole jsem chtěl, aby mi říkali ,,Sekáč", ,,Frája" nebo ,,Eso".

Později když jsem byl na semináři v Berkeley, jsem rád chodil na cizí filmy a vždycky jsem zůstal až na závěrečné titulky a hledal jsem pro sebe nějaké elegantní, záhadné jméno z cizí země, které by mělo šmrnc. ,,Miloslav" nebo „Czabt" nebo „Jean-Pierre".

V šedesátých letech, když hippies začali používat expresivnější jména a já se také považoval přinejmenším za polovičního hipíka, jsem na čas uvažoval o jménu ,,Nigel Sedmá Jitřenka", které by mě propojilo s Věkem Vodnáře.

Ale dnes už je nejspíš pozdě a nestojí to za tu námahu. Na jménu už tolik nezáleží – záleží na tónu hlasu. Připadám si jako jeden starý pes, kterého znám. Ten přiběhne na jakékoliv jméno – jen když mu vaše chování poskytne naději na lásku nebo žrádlo.

Herec, s nímž jsem se seznámil v Roanoke ve Virginii, pro mě problém se jménem vyřešil. Je asi tak starý jako já a má vnoučata. Hovořili jsme o tom, jak jsou vlastně nepříjemná jména, která se na vás nalepí, když vaše děti mají děti. Stává se to v okamžiku, kdy jste se zařadili mezi úctyhodné občany. Máte pocit, že jste zkušení a moudří. Jistá úcta je na místě. Zasloužíte si ji. A najednou vám takový uslintaný, neposedný uzlík, který ještě neumí mluvit, začne říkat ,,Bobo" nebo ,,Ňangňang" nebo třeba ,,Múmó". A všichni si říkají, jak je to úžasně roztomilé. Nejenže vám tak říká dítě, ale začnou vám tak říkat všichni členové rodiny. A nic s tím nenaděláte. A na beton se pak začnete cítit jako starý rodinný pes.

Jak si můžete v rodině udržet vážené postavení, když vás každý považuje za dobráka „Múmóa" nebo „Dada Pipiho"?

Ale ten člověk, s nímž jsem mluvil v Roanoke, na to vyzrál.

Vlastně ten nápad měla jeho žena.

Ona prostě a jednoduše byla ,,Mary". A celý život jí to lezlo na nervy. Už tušila, že se blíží ta chvilka, kdy se objeví ,,Dada Pipi", a rozhodla se to odpálkovat. A když její první vnouče dosáhlo věku polovědomé inteligence, pečlivě mu vysvětlila, že babičce je třeba říkat ,,Dalila", a nijak jinak. ,,Dalila" – podle té sexbomby z Bible, která podrazila starého Samsona.

Její manžel o ,,Samsona" dvakrát nestál, ale protože byl celý život ,,Fred" a také se mu to moc nelíbilo, rozhodl se pro německou přezdívku ,,Fritz". On Němec není, ale ,,Fritz" zní tak pěkně exoticky.

Rodině chvíli trvalo, než si zvykli, že babička s dědou obyčejně na hlídání dětí nemají čas. Dalila s Fritzem ovšem kdykoliv rádi vezmou děti do zoo nebo kamkoliv jinam, stačí jim říct jménem.

MÍSTO NAROZENÍ ______________________

Kolikrát jste to prázdné místo vyplňovali? Je na všech úředních dokladech. A bude v našich nekrolozích. „Kde jste se narodil?“ Vždycky se ta otázka objeví.

A moje odpověď zní: „Vždyť na tom vlastně nezáleží.“ Žil jsem tam s našima jenom asi šest týdnů a už jsme se tam nikdy nevrátili.

Radši se mě zeptejte, kde jsem strávil dětství, kde jsem chodil do základní školy a kde na gymnázium. Zeptejte se mě, jak to vypadalo všemi směry od našeho domu do vzdálenosti jedné míle, když mi bylo devět. Zeptejte se mě, kde jsem vyrostl. Zeptejte se mě: „Odkud jsi?“

A ještě jedna otázka se v této souvislosti nabízí – i když ta se na úředních formulářích nikdy neobjeví. Existuje pouze v tajných životopisných záznamech mé mysli.

Místo početí: ______________________

Kde jsem byl počat – a za jakých okolností?

Oba mí rodiče už jsou po smrti, a tak se to nikdy nedovím.

Ale věděl bych to rád. *Hrozně* rád bych to věděl.

V letech, na která si vzpomínám, spali mí rodiče každý ve své posteli v oddělených ložnicích. Jedinkrát jsem neviděl, že by se objali nebo políbili. Občas se hádali, ale většinou se chovali normálně a zdvořile. Žili si každý zvlášť.

Říkám si, jaké to asi mezi nimi bylo na začátku. Jak se cítili, když mě počali? Když to tak spočítám, muselo to být někdy začátkem září. Ale kde? Plánovali to nebo to bylo nedopatření? Výsledek lásky a vášně nebo jenom rutiny? Byl jsem chtěné dítě? Milovali se v té době aspoň?

Z důvodů, které nedokážu vyjádřit, by se mi moc ulevilo, kdybych to věděl.

V posledním roce jsem hodně lidem položil tyto dvě otázky: „Kde jste byl(a) počat(a)?" a „Kde byly počaty vaše děti?"

Až překvapivě mnoho lidí na svět přichází jako důsledek vášně a smíchu. To pro začátek není špatná kombinace. Dosud v mé anketě figurují tato místa a okolnosti: ve výtahu, na okenní římse, ve člunu, v komoře, na zadním sedadle auta, v kůlně, v koupelně během setkání pozůstalých po pohřbu, v kanceláři kostela, v letadle a před televizní obrazovkou při Nixonově projevu.

Jedna mladá kamarádka mi vyprávěla, co ví o svém početí a narození.

Z důvodů, které nikdy nepochopí, ji její rodiče dali týden po narození k adopci, i když byli tehdy manželé. Se svými biologickými rodiči se setkala, když jí bylo třicet. Měla spoustu otázek a zvláště se zajímala, „proč" ta adopce. Odpovědi pro ni nebyly snadné ani pochopitelné, protože biologičtí rodiče v souvislosti s nimi pociťovali stejný zmatek – tehdy i nyní.

Její otec jí řekl, že snad nebude nepodstatné, když bude vědět, že v době početí miloval její matku a ona jeho; a že byli zasnoubeni a měli se koncem léta brát. Byli velmi mladí – ještě jim nebylo jednadvacet. A na jaře že v Texasu šli jednoho krásného, teplého sobotního odpoledne na výlet podél řeky – do míst vzdálených a opuštěných. Brodili se ve vodě, hráli si, cákali na sebe, až byli promočení. Svlékli se a vášnivě se na horkém slunci milovali – na písečném ostrůvku uprostřed řeky. Španělé tu řeku nazvali „Los Brazos de Dios" – náručí Boha.

Tento příběh vlastně odpovídá i na otázku mého vlastního početí.

Ať už jsme byli počati kdekoliv a jakkoliv, vždy je to stejné.

Vznikáme v náručí Božím.

PO JMÉNU A MÍSTĚ NAROZENÍ se v dotaznících dostáváme ke kolonce ADRESA: ______

Kde bydlíte? Pro mnoho z nás se odpověď v životě často změní.

Téměř každý pátý Američan se stěhuje každý rok. Asi polovina obyvatelstva se podle nejnovějšího průzkumu přestěhovala v posledních pěti letech. A letos se mezi Dnem památky padlých a Svátkem práce, tedy od května do září, přestěhuje nejméně devatenáct milionů lidí.

Vůbec mě to nepřekvapuje. My jsme byli vždycky národ kočovníků. Domníváme se, že první lidé do Ameriky přišli po souši z Asie a dalších pětašedesát milionů lidí do Severní Ameriky přibylo od sedmnáctého století do druhé světové války loděmi z Evropy. A stěhovat jsme se nepřestali, ani když jsme byli na prahu kontinentu.

Genealogové o mém rodě tvrdí, že geny mohu vystopovat až k dánskému nájezdníkovi, jenž v osmém století odplul v místa, kterým později dali jméno Normandie. Odtamtud geny vpadly do Anglie, Virgínie, Severní Karolíny, Tennessee, Texasu a státu Washington.

A pořád se nedokážeme usadit. Za pětapadesát let jsem bydliště změnil sedmadvacetkrát. A to nepočítám krátkodobé pobyty – na kolejích, na letních brigádách a na vojně.

Letos jsem se stěhoval zase.

Předkládám tímto oznámení o změně adresy.

Dosud jsem bydlel na hausbótu v Seattlu. A teď část roku bydlím úplně jinde – v okrese San Juan v Utahu.

Možná si to neuvědomujete, ale určitě už jste takovou utažskou krajinu viděli. Je to poušť, země kaňonů z rudých skal. Tady někde John Wayne natočil některé ze svých nejslavnějších kovbojek. A každou chvíli se v televizi objeví reklama, ve které je krásná žena ve večerní róbě na třistametrové pískovcové skále uprostřed pustiny sama s nejnovějším modelem nějaké dodávky. Tak v takovém prostředí já teď bydlím.

Nikdy jsem nepochopil, proč bych si po takové reklamě měl chtít koupit dodávku, ale vím, proč bych chtěl nějakou dobu žít v krajině, která se zdá být tak rozlehlá, opuštěná a tak vzdálená civilizaci. *Protože* je tak rozlehlá, opuštěná a zdá se být tak daleko od civilizace.

V takovém prostředí jsme si moje žena a já loni postavili domek. Dvacet mil do nejbližšího městečka. Není tam telefon, televize, rádio, neroznášejí tam noviny. Denní zprávy se omezují na to, kdy vychází slunce a v jaké fázi je právě měsíc, jestli je nebo není dřevo na topení a také jak roční období působí na živé tvory, včetně mne.

Z letadla je ta krajina rozeklaná, suchá a pustá. Ale není to tak. Její nejlepší místa a okamžiky jsou rozložené v čase a prostoru. Je třeba se pořádně dívat. Asi hodinu od mého domu jsem stál ve stopách dinosaura nejméně 140 milionů let starých a sbíral jsem si borové oříšky k obědu; pozoroval jsem, jak kolem běhají divocí koně a spal jsem ve zbytcích indiánského stavení opuštěného před devíti sty lety. Byl jsem v místech, kde je takový klid a ticho, že jsem slyšel svištění křídel krkavců, kteří mi letěli nad hlavou.

A není to tam tak odlehlé, jak jsem si myslel. Možná vůbec nikde už to dnes není tak úplně odlehlé. K mezistátní dálnici je to třicet mil. V nejbližším městečku mají skoro všichni talíř na satelitní televizi, takže chytají víc stanic než ve městech. Každý den brzy ráno tam mají na stáncích *USA Today*. Dodávkové služby United Parcel Service a Federal Express vám cokoliv doručí „do druhého dne". A děti na zdejší střední škole vypadají, oblékají se a uvažují úplně stejně jako jejich vrstevníci v Seattlu nebo Los Angeles.

Tou krajinou prošly pořádné zástupy lidí. Během posledních tisíciletí zdejší kulturu utvářeli Indiáni Anasaziové, Uteové a Navahové, dále španělští dobrodruzi, mormonští osadníci, chovatelé dobytka a ovcí, pěstitelé fazolí, horníci v uranových dolech, cyklisté na horských kolech, vodáci, lidé v džípech, lovci a turisté, kteří tu jenom projíždějí. A každý, kdo tudy projde, za sebou zanechá stopy.

Není to žádný ráj. Kdysi malebná střediska civilizace vymřela nebo jsou z nich motelové komplexy. Extrémy v počasí jsou tu neskutečné. Sucho a průtrže mračen, v srpnu čtyřicet stupňů, v lednu třiadvacet pod nulou. Když po týdenní písečné bouři přijde týden mrazivých větrů, není to nic neobvyklého. Pokud se v divočině ztratíte, můžete umřít žízní. Jarní květiny a pohled na podzimní osiky jen těžko vynahradí obavy z chřestýšů, černých vdov, škorpiónů a bodavého hmyzu.

Přesto se mi tu líbí. Je tu něco, co živí moji duši a pozvedá mě.

Souvisí to s hledáním místa. Myslím, že každý člověk se hodí k nějaké konkrétní krajině. Já vyrostl na pláních – v krajině horké a suché – a nejšťastnější dny mládí jsem strávil v sedle jako kovboj. Mám schované fotografie otce, dědečka, pradědečka a prapradědečka – všichni na koni v pracovním oblečení.

Dnes už kovboj nejsem, ani si na něj nehraju, ale v tom drsném kraji je mi dobře a nejvíce jsem ve vlastní kůži, když mě obklopuje to nehostinné prostředí. Jedu tam, když nevím jak dál. Stačí být chvíli tam, kde je slyšet jenom vítr, ve dne je vidět do dálky a v noci daleko do oblohy nad hlavou. Tehdy a tam chápu, že jsem se neztratil.

LONI V ŘÍJNU ZAZVONIL TELEFON. „Pane, Fulghume, naše první třída by vás ráda zařadila do své exkurze.“ Je to předsedkyně Výboru pro terénní výuku prvňáčků v jediné základní škole v nedalekém městečku u nás v Utahu.

Exkurze! Ano! To je přece magické slovo! Když jsem chodil do školy, hned po hře Ukaž a vyprávěj jsem měl nejradši exkurze. Vlastně jsem o exkurzích přemýšlel úplně nedávno. Asi měsíc před tím telefonním hovorem jsem v městečku stál na chodníku a závistivě jsem přihlížel, jak kolem pomalu projíždí hasičské auto s kvílejícími houkačkami. Účelem bylo udělat radost prvňáčkům, kteří vzadu seděli na hadicích, drželi se zuby nehty, pusy od ucha k uchu, a byli nevýslovně šťastní, že jedou s hasiči po hlavní ulici. A takový hlásek někde uvnitř mé hlavy říkal: „Vemte mě taky.“

Neuvěřitelně jasně si vzpomínám na vlastní exkurze, které jsem zažil před padesáti lety. K hasičům, do pekařství, do stáčírny coca coly, do mlékárny, na policejní stanici, na městskou skládku a na stavbu. Ve druhé třídě jsme navštívili autoservis, projeli jsme se po městě autobusem, který nás nakonec zavezl tam, kde bývá odstavený na noc, a prošli jsme okresní muzeum. Také jsme chodili po hlavní ulici a lezli jsme do všech krámků, abychom viděli, co se odehrává v zákulisí, kde se zboží vykládá a rozbaluje. A samozřejmě – zoo. V zoo jsme byli několikrát. A když do města přijel cirkus, byli jsme u toho – dívali jsme se, jak z vlaku vykládají zvířata a staví stan.

Dívat se ve třídě do učebnice se nikdy nevyrovnalo exkurzi.

Vůbec mě netěšilo, když se vzdělávání posunulo k záležitostem, které se dají učit jedině ve školní třídě.

A moc rád jsem se na univerzitě zapsal na geologii, protože jsem zase jezdil na exkurze – mohl jsem chodit a dotýkat se předmětu svého studia.

Když jsem měl malé děti a ve škole žádali dobrovolníky, kteří by děti na exkurzi doprovázeli, mohli se na mě spolehnout. Jednou jsme při exkurzi vyrobili z papíru balón vysoký čtyři a půl metru, naplnili ho horkým vzduchem a vypustili ho v městském parku. Balón ve vzduchu chytil a blížil se ke střeše nedalekého domu. Zavolali jsme hasiče. Velmi vzrušující!

Když se všechno uklidnilo, žáci to chtěli zopakovat. Nejen balón, ale celou tu katastrofu – vypuštění balónu, oheň, hasiče a všechno.

A když jsem já sám učil – kreslení, psaní a filosofii –, naučil jsem se řídit autobus, abych mohl své studenty brát na exkurze. Podstatou mého kursu kreslení bylo uvědomit si, že umělec začíná pozorným sledováním reálného světa. Umělec se nikdy nedívá jinam, nikdy se neotáčí zády. Jeho prací je dívat se. Vyrazit do světa a vidět ho z první ruky – takový, jaký je; a podat tahy štětce nebo slovy zprávu o tom, co viděl. Být *ve* světě a ne jenom svět studovat – to je úkol umělce. A tak jsme nasedli do autobusu a vyrazili jsme.

Této zásady jsem se přidržoval i jako pastor. Když jsem studoval v semináři, dočetl jsem se o hnutí francouzských katolických kněží, kteří chtěli chodit do práce. Ti kněží v týdnu normálně pracovali jako všichni ostatní – byli to instalatéři, elektrikáři, učitelé, dělali jakoukoliv užitečnou práci. A o víkendu sloužili mše. Rozhodli se být součástí světa, ne jenom pracovat v kostele.

A já se rozhodl, že to udělám také tak. V letech, kdy jsem byl pastorem, jsem v týdnu obvykle pracoval na plný úvazek jako ostatní. V pondělí v 7.30 jsem musel být v práci. Rozhodl jsem se jednoznačně. Člověk se buď může soustředit na to, aby byl *ve světě,* anebo může většinu času trávit *v kostele.* Buď může svět oslovovat nebo se může zabývat kostelními záležitostmi.

Teprve nyní mi konečně došlo, že můj život je jedna nekonečná exkurze.

A já se moc snažil, abych nebyl pouhý turista. Spíš dobrodruh, cestovatel, badatel, žák a poutník.

Takže chápete mé nadšení, když se mě zeptali, jestli bych se rád zúčastnil exkurze prvňáčků. Není na tom nic dětinského. „No samozřejmě! To je báječné! A kam pojedeme?"

„Tedy promiňte, pane Fulghume, ale já jsem to asi neřekla dost jasně. My chceme na návštěvu k vám. Vy jste naše exkurze."

Nevěděl jsem, co na to říct.

Zřejmě to úplně poslední pootočení kola života.

Stala se ze mě exkurze.

„Dobře," vzdychl jsem do telefonu. „Klidně přijďte – moje zoo má otevřeno."

V ROCE 1991 NAŠLI DVA TURISTÉ v tajícím ledovci na švýcarsko-italské hranici mumifikované tělo muže. Z prvních poznatků vědců vyplývá, že ten člověk žil a zemřel před pěti tisíci třemi sty roky. V době bronzové.

Z mnoha fantastických zjištění, ke kterým vědci došli, mi v hlavě uvízlo zvláště toto: z vlasů muže je zřejmé, že si je záměrně zkracoval.

Těžko říci, jak vypadalo holičství v době bronzové, ale ten člověk byl prostě ostříhaný.

Četl jsem o tom v novinách, právě když jsem sám seděl u holiče a nechal se stříhat. Díval jsem se na obrázek „ledového muže" a také na osazenstvo holičství, které čekalo, až na ně přijde řada, a napadlo mě, že kdyby ten pravěký člověk vešel dovnitř a posadil se, nikdo by se nad tím ani moc nepozastavil. Klidně by zapadl mezi ty lidi, kteří vysedávají u nás v holičství.

Já si vlasy nechávám zastřihnout každý týden. Ne že by mi tak moc záleželo na upraveném zevnějšku, ale mám rád holičství v malých městech a vypravěče, kteří v nich vysedávají. Staříky, kteří bojovali a stále ještě bojují ve světových válkách a kteří věčně diskutují o problémech s prostatou a o té nové sestřičce na klinice. Relativně nový příchozí, jako jsem já, je vítaným terčem pro historky, které už vyprávěli aspoň stokrát. Tady je jedna, kterou jsem zaslechl jednoho sobotního říjnového odpoledne. Posaďte se.

Na vypravěče nejlépe sedí popis od jeho bratrance: „je jako ostnatej drát hubenej a taky se jako ostnatej drát chová – kouše si nehty a vyplivuje rez." Ostrý stařík s plochým, pod linkou těsně nad obočím do brunátna ošlehaným obličejem. Nad tou linkou má čelo jako tvaroh, protože za celý život venku nesundal klobouk. Ke dvoubarevnému obličeji si přidejte nos s červenými žilkami po nemírném pití a kudrnaté chomáčky po stranách jeho plešaté hlavy a máte obrázek klauna bez líčidel. Ani se nechce věřit, že býval majitelem pohřebního ústavu a také zástupcem šerifa. Dnes je mu dvaaosmdesát a čas tráví jako pamětník v holičství, kterému se říká „U vystrčenýho zadku".

Holičství U vystrčenýho zadku. Kdysi to tady patřilo starýmu McCloudovi, kterej měl přezdívku Vystrčenej zadek. Víte, proto se tomu tady tak říká – po něm. Ten měl to nejlepší holičství, jaký tohle město kdy zažilo. Říkalo se mu Vystrčenej zadek kvůlivá tomu, co provedl ve světový válce. Němci ho zajali ve Francii a odlifrovali ho do zajateckýho tábora. A protože už mu Skopčáci, co vedli ten tábor, lezli krkem, tak když jednou při nástupu vyvolali jeho číslo, on se votočil, spustil si kalhoty a vystrčil na ně zadnici. Jenže jeden ten fric ho hned na místě do toho zadku střelil. Bum. Pořádně mu prdel znetvořil, ale z McClouda už byl hrdina. Ostatní zajatci mu od tý doby začli říkat „generál Vystrčenej zadek". Dali mu medaili ze staniolu – za statečnost mimo službu. Jenže když přijel domů, tak to trošku těžko vysvětloval, ale ono se to rozkřiklo a pořád po něm někdo chtěl, aby si sundal kalhoty a ukázal mu válečný zranění. Vystrčenej zadek to nikdy neudělal. Ale na základě jeho činů ho zvolili velitelem Americký legie. Byl to hrdina. Jinýho takovýho jsme tu neměli.

No a Vystrčenej zadek si otevřel tohle holičství za starým servisem svýho táty. Vlasy se naučil stříhat v tom zajateckým lágru. Děsně ho nebavilo dělat holiče, ale říkal, že tu práci může dělat vestoje, což bylo fajn, protože mu půlka zadku chyběla a špatně se mu sedělo. Dělal jenom jeden sestřih za jednotnou cenu – bylo to laciný a se zárukou, že to při odchodu bude kratší než při příchodu.

Byl taky dost ambiciózní. Udržoval v provozu ten servis a holičství a nechal se jmenovat smírčím soudcem a taky byl notářem. Když se tady v okolí začal těžit uran, tak si k holičství přidal ještě malej snack bar a vobchod s potravinama. Říkal, že bude první věčně stojící milionář na světě. Dalo se u něj dělat prakticky všechno – nechat se vostříhat, voženit se, naobědvat se, natankovat plnou nádrž, nebo si koupit piva v plechovce, litr mlíka a bochník chleba a odfrčet. Vždycky jsme říkali, že už potřebuje jen železářství vepředu a bordel vzadu a uspokojí všechny potřeby.

Jenomže von nakonec umřel a ještě mu nebylo ani šedesát. Zrovna v metodistickým kostele v neděli dopoledne dělal sbírku. Dostalo ho srdce. Kazatel povídal, že si ho vzal Ježíš. Nezdá se mi, že by Ježíš potřeboval holiče. Na nic se mě neptejte, já o náboženství nic nevím. Já si jen pamatuju, jak Vystrčenej zadek povídal, že mu je šuma fuk, kam se po smrti dostane, jen když už tam bude moct pořád pohodlně sedět. Muset stát celej život je trošku dlouhý.

JE ÚNOR. RÁNO. Studené, šedivé, větrne a deštivé. Zima nastala venku i uvnitř. Ráno, kdy to chce zalézt zpátky do postele, zachumlat se pod deku a vyčkat, až nastane něco lepšího. Kupříkladu jaro. Místo toho se nacházím v čekárně v nemocnici na malém městě. A mám blíže neurčený neduh. Je mi mizerně po těle, duši i mysli. Nevím proč. ,,Běž se nechat prohlídnout," povídá moje žena. A tak jsem tady. Spravte mě.

Naproti mně sedí starší manželé a drží se za ruce. Jsou upravení a vymydlení, v čistých, nažehlených šatech. V bílých vlasech má ta žena naaranžovanou květinovou výzdobu – cesmínu s červenými bobulkami a červené listy poinsetie. Je to divné.

Stařík zachytí můj pohled, usměje se a řekne: ,,Veselé vánoce!" Automatický pilot ze mě vyhrkne ,,Veselé vánoce!", ale ve stejný okamžik se mozek probudí a ptá se: ,,Co, co, co...?"

A stařík potichu zazpívá: ,,Dávej pozor a nebreč a nesmutni a já ti hned povím proč: Santa Claus už jede do města." Dozpívá písničku, zahihňá se sám pro sebe a zase mi vesele popřeje ,,Veselé vánoce!" Jeho žena se usmívá.

A v ten okamžik se od svého stolu ozve sestřička: ,,Veselé vánoce, strýčku Ede. Pan doktor už na vás čeká." A po chodbě se nese hlas doktora: ,,Veselé vánoce, Ede! Moc rád tě vidím!"

(Možná je chyba ve mně. Možná je opravdu prosinec a ne únor.

Začínám blbnout. Já věděl, že to jednou přijde, ale proč právě teď?)

Sestřička jde se starým pánem do ordinace.

Žena strýčka Eda si sedá vedle mě. Je jí trochu trapně, omlouvá se, poklepává mě po koleně a vysvětluje: „Doufám, že vám to nevadilo. Doktor říká, že měl menší mrtvici, možná už druhou, a zřejmě je v počátečním stadiu Alzheimerovy choroby. Ale my doma víme, že prostě slábne a senilní. Je mu osmaosmdesát a už to v něm přestává fungovat. Většinou je normální, ale každou chvíli udělá něco potrhlého. Jako to s těmi vánocemi. Jednou před několika lety na nás seshora zakřičel, že úplně zapomněl, že je Štědrý den, a jestli bychom neměli vyndat ozdoby a začít balit dárky. Já nevěděla, co si mám myslet. Byl totiž březen. Ale zrovna jsme ten den neměli žádný program, a tak jsem si řekla, ať je radši po jeho. A tak jsme se celé dopoledne chystali na vánoce. Zavolala jsem holkám – máme tři dospělé dcery –, a ty přišly na oběd, pomáhaly věšet žárovičky a balit dárky. Zpívali jsme koledy, pekli cukroví a moc se nám to líbilo.

A když dcery odešly, manžel mě poprosil, abych mu vyprávěla, jak prožíval v dětství vánoce – jemu totiž dělalo potíže si vzpomenout. Tedy já svého muže znám skoro celý život. Měl příšerné dětství – otec byl alkoholik, který ho, a také matku, neustále bil. Otec pak utekl s prodavačkou v dragstóru a matka onemocněla a skoro nevstávala z postele. Ed jako kluk nikdy vánoce neměl. Jak jsem mu to teda mohla všechno zase připomínat? Neměla jsem na to sílu.

Jsme svoji šedesát let. A já mu jedinkrát nezalhala. Ale teď jsem se rozhodla, že si pro něj vymyslím nějaké pěkné vzpomínky. Komu to mohlo ublížit? A tak jsem mu vykládala o roce, kdy dostal tříkolku, a o vánocích, kdy měl pod stromečkem vláček na klíček, a jiných, kdy uviděl Santa Clause, a pak o tom, jak v kostele hrál ve vánočním představení. Byl moc šťastný – když si já vzpomínala na vánoce, jaké nikdy neměl, i když je takové vždycky mít chtěl.

A toho března jsme se vlastně až k vánocům nedostali – skončilo to Štědrým dnem. Potože se už zase vrátil do přítomnosti. Zřejmě mu stačil Štědrý večer a hezké vzpomínky.

Ale po čtyřech měsících jsme to měli zase všechno od začátku. Jednou jsem ráno zaslechla, jak si nahoře zpívá vánoční koledy, a vánoce už sestupovaly po schodech. VESELÉ VÁNOCE! Už zase, tentokrát v červenci. A také v říjnu – místo všech svatých. V prosinci dvakrát. A teď v únoru.

A pokaždé po mně chce, abych mu vyprávěla o jeho dětství, a já to dělám. Už mi to lhaní o tom, jaké míval jako kluk nádherné vánoce, jde tak báječně, že tomu skoro sama věřím. Vždycky zavolám dcerám a ony přijdou pomáhat. Teď už to prožívají se mnou. Nosí mu dárky, zpívají koledy, pečou cukroví. A dvakrát jsme si dokonce pořídili stromeček. Moc je to baví. Ony už na to ani nemyslí jako na vánoce. Považují to za svátek otců."

Starý pán se právě šourá z ordinace. Jsou se sestřičkou u posledního refrénu „Rolniček". Oba na mě zahalekají „Veselé vánoce!" a já jim přeju to samé.

Ta stará paní mě ještě jednou pohladila na koleně, usmála se a vstala, aby se svým manželem mohla odejít. Ten jí galantně přidržel dveře a vyšli spolu ruku v ruce do dalšího dne. Už jsem se jí nestačil zeptat, co dělají o jiných svátcích. Ale řekl bych, že mají každý den svatého Valentýna, svátek zamilovaných.

TA STARÁ PANÍ z valentýnovské historky mi do hlavy zasadila semínko, které vyklíčilo až v listopadu. Ona totiž řekla: „Je to takové osvěžující, když vánoce přijdou jako překvapení."

První varovné příznaky, že se vánoční šílenství nezadržitelně blíží, přicházely v podobě dárkových katalogů už koncem září. Z mé duchovní bažiny začaly stoupat páry děsu a úzkosti. A v listopadu už jsem měl pořádnou vánoční fóbii. Chtěl jsem pryč. Skoro celou noc jsem se převaloval a v hlavě mi probíhalo zasedání všech členů mého výboru. A ráno jsem napsal dopis.

„Drazí přátelé a rodinní příslušníci,

tento týden jsem viděl obálku prosincového čísla časopisu *Esquire*. Koupil jsem ho a přinesl domů ženě, protože titulek na obálce přesně zapadal do mé nálady: ‚PANEBOŽE (jsou vánoce)!'

Vytříbenější ironie by možná byla: ‚Ježíši Kriste, už tu máme zase ježíška.' Ani jeden z těch výkřiků moc radosti nevyjadřuje.

I tak jsme s Lynn zřejmě nutně museli sklouzávat do diskusí na téma ‚co s těma vánocema teda uděláme' – diskusí podrážděných, na které pak navazují vzdechy a vyrábění dlouhých seznamů lidí a dlouhých seznamů věcí, které je třeba udělat co nejdříve, i když ‚co nejdříve' je vyloučené. Vánoce jsou krize.

Zhruba ve stejnou dobu jsme si oba uvědomili, že se prostě letos na vánoce nachytat nenecháme – aspoň ne tak, jako jiné roky. Ne že bychom se na svátky dívali skrz prsty – šlo o to, že se na svátky nechceme začít dívat skrz prsty. Ještě stále jsme pod vlivem vzpomínky na část loňských vánoc, které jsme strávili v Novém Mexiku. Projeli jsme šíleným turistickým městečkem Taos, nachystaným na konzumentské orgie, a pokračovali jsme do indiánského puebla stejného jména.

Tam vládl klid a mír. Doba od 15. prosince do 15. ledna je ‚doba klidu a nehybnosti'. Na celý měsíc je pueblo uzavřené pro turisty i veškeré komerční záležitosti. Měli jsme pocit, že takhle nějak muselo kdysi dávno vypadat městečko Betlém.

A tak v duchu toho, jak to dělají naši rozumní indiánští přátelé, chceme letos zachovat klid. Na nákupy nevyrazíme. Peníze, které bychom jinak utratili, mohou jít na nějaké dobré účely. Udělejte si čas, který byste jinak strávili kupováním dárků pro nás, a buďte na chvíli v klidu. A myslete na nás, kteří vám k letošním vánocům přejí klidnou radost. Boží pokoj vám, šlechetní pánové, a vám také, šlechetné dámy, Bůh s vámi."

Koncem prosince jsme s manželkou na čas odjeli do Utahu – jenom sami dva. A na Štědrý večer jsme nasekali kmínek z loňského stromku, rozdělali jsme oheň a u něj jsme jedli chleba a maso s pálivou omáčkou. A ve sněhu jsme si udělali dlouhou procházku údolím.

O půlnoci se udělalo jasno.

Kolem pluly tiché hvězdy.

Svět se koupal v důstojném poklidu.

A když andělé začali zpívat, my byli u toho.

TEN EXPERIMENT s minimalizací vánočních škod pokračuje a rozrůstá se.

Vzhledem k tomu, že se vánoce tak vydařily, vysvětlil jsem celé rodině a všem přátelům, že bych rád podobně naložil i s ostatními oficiálními příležitostmi. Požádal jsem je, aby na nějaký čas zapomněli na povinnosti vyplývající z narozenin a různých výročí. A já jim oplatím stejně – nic nebudu očekávat.

Toužil jsem se osvobodit od dat v kalendáři. Jaké by to asi bylo, říkal jsem si, slavit svátky náklonnosti prostě jako takové, a ne slavit jakousi povinnost. Slíbil jsem, že v mých myšlenkách budou stát hodně vepředu – všichni lidé, které mám rád. Slíbil jsem, že je budu pečlivě sledovat a obdaruji je v okamžiku, kdy to budou nejvíce potřebovat, ale nejméně očekávat. Všechny dárky, pozornosti a důkazy lásky ode mě budou přicházet jako překvapení.

A jak že to probíhá? Právě teď je únor a experiment už trvá třináct měsíců. Jednoduché to není. Před různými svátky se na mě všichni divně dívají. Musím vynakládat zvýšené úsilí, ale to úsilí je mi zatím radostí, a ne něčím nepříjemným. Přátele a blízké zjevně těší, že na ně myslím, ale někdy se těžko rozlišuje nadšení a přátelská tolerance. Vlastně si stěžovala jedině moje pětiletá vnučka. Ráda by byla překvapována trochu pravidelněji.

Netuším, co si o tom experimentu s obdarováváním moji blízcí a přátelé myslí doopravdy. Nic o tom neříkají a já se neptám. Všichni chtějí hlavně ty dárky – když už se na to podíváme z velmi praktického hlediska. Ale o to vůbec nejde.

Srdce se úplně scvrkne, když budeme lásku měřit čísly.

A jak se dovíte, že vás má někdo doopravdy rád, když místo vašich potřeb uspokojuje jen vaše očekávání?

JEDNI ZNÁMÍ se do sebe OHROMNĚ zamilovali, a bylo to o trochu později, než bývá zvykem. Jí bylo čtyřicet, jemu padesát. A žádný z nich předtím manželství nezažil. Ale něco o něm věděli. Viděli zákruty toho požehnaného stavu dost zblízka u svých přátel. A rozhodli se, že co nejvíce potenciálních potíží překonají tím, že si všechno dohodnou dopředu.

Předsvatební dohody týkající se peněz a majetku připravili advokáti. Rady ohledně třecích ploch preventivně poskytl psycholog, který jim také pomohl svěřit všechny praktické záležitosti papíru, a to s naprostou tolerancí k iracionálním charakterovým rysům na obou stranách.

„Vezmeme se, uděláme to, jak se patří, a pak už pořád budeme pokud ne šťastně, tak alespoň spokojeně žít.“ V tohle doufali.

Jeden bod v jejich smlouvě se týkal domácího zvířectva a dětí. Bod číslo 7:

„Oba souhlasíme, že budeme mít buď děti, nebo nějaké zvíře, ale ne obojí.“

Ten pán nebyl nadšený ze závislých vztahů. V jeho životě nikdy neměli místo děti, psi, kočky, křečci, zlaté rybky, hadi ani nic živého, co je třeba krmit nebo zalévat. Dokonce ani pokojové rostliny. A už vůbec ne psi. Ona se na druhou stranu o živé bytosti ráda starala. Zvláště o děti a psy.

Tak jo. Ale teď se musela rozhodnout. Rozhodla se pro děti. A on jí vyhověl. Dvě dcery za tři roky. Manželství a rodinný život plynuly ke spokojenosti všech. Jejich přátelé žasli. Zatím všechno výborné.

Děti dorostly do školního věku a matka se s vervou vrhla do bezedného bazénu dobrovolné spolupráce se školou. Škola potřebovala peníze na výtvarnou a hudební výchovu. A matka zorganizovala ohromnou dražbu, na které se mělo hodně vydělat. Každá rodina slíbila, že do dražby poskytne něco cenného.

Vzpomeňte si, že matka toho věděla hodně o psech. Chovala psy celý život – šampióny s rodokmenem. A chtěla své zkušenosti využít tak, že hodlala mezi místními štěňaty najít pejsánka, který zůstal nepovšimnut, a je proto za babku. Pak ho chtěla jako svůj příspěvek připravit do dražby. Z malé investice mohl být desateronásobný zisk pro školu. A alespoň na pár dní bude v domě pes.

Po měsíci hledání našla zázračného psa – psa se skvělou budoucností. Čtyřměsíční fenku, tmavošedou s modrýma očima, vysokou, silnou, sebejistou a velmi, velmi, *velmi* přátelskou.

Zkušené oko naší matky hned vidělo, že se tu náhodou namíchaly vznešené geny. To výjimečné zvíře vzešlo ze dvou čistokrevných jedinců mimořádných kvalit. Říkala si, že s největší pravděpodobností z černého labradora a weimaranera. Něco dokonalého. Prostě dokonalost sama.

Pro naše neškolené oči ten voříšek vypadal spíš jako výsledek nepovedeného setkání mexického oslíka a miniaturního pižmoně.

A pohádková psí kmotra se pustila do práce. Pejsek jde na prohlídku a očkování k veterináři. Dostane elegantní kožený obojek a vodítko. Krásnou misku, míč a kostičku ze surové kůže. Výdaje: $ 50 pořízení štěněte, $ 50 veterinář, $ 50 psí kosmetický salón, $ 60 výstroj a výzbroj a $ 50 žrádlo. Celkem to dělá $ 260, a to za psa, který před dražbou v domě zůstane osmačtyřicet hodin.

Otec se na psa podíval a zbledl. Větřil něco nekalého. Nedal by za něj ani deset dolarů a nenechal by si ho ani na hodinu. „PES“, tak ho otec pojmenoval, má dlouhý, hustý a pružný ocas, nohy připomínající huňatou štětku na WC a už teď ve čtyřech měsících je tak velký, že díky bezuzdnému nadšení klidně porazí holky i matku.

A otec ví, že to jednou bude POŘÁDNÝ PES. Něco takového by se pěkně vyjímalo v zoo. Je to všežravec – za den zlikvidoval všechno žrádlo a otisky zubů už napořád zanechal na noze od židle, kožené pohovce a otcových oblíbených botách na golf.

Otec má kolem toho všeho velkou trpělivost.

Vždyť jde nakonec jen o dočasné řešení, navíc k chvályhodnému účelu.

Vzpomene si na bod č. 7 v předsvatební smlouvě. Nic mu nehrozí.

Ve čtvrtek večer ta školní akce startuje. Zástupy rodičů a spousta zazobaně vypadajících hostů. Umělecká výzdoba, bohatý výběr jídel a hojnost předmětů, které se budou dražit. Matka přímo září.

„PES“ na dražební pódium přichází o dost dříve, než bylo plánováno. Protože otec se šel na „PSA“ podívat do auta a zjistil, že systematicky okusuje kožený potah volantu, když před tím prohryzal díry do polstrované přístrojové desky.

Po krátkém zápase, kdy je třeba „PSA“ dostat do náruče matky a pak na jeviště, si matka sedne na rozkládací židli a chová „PSA“ s důstojnou něhou, jaká je jinak vyhrazena bdění u zesnulého. Dražitel zatím popisuje rodokmen zvířete a investované úsilí a vybavení, což je zahrnuto v ceně.

„Tak kolik kdo dá za to báječné zvíře?“

„Sto dolarů tady, dvě stě dolarů napravo, dvě stě padesát uprostřed.“

Matka si vzlykne.

Po tvářích jí stékají slzy.

„PES“ jí z tváří slzy olizuje.

Šepotem, který ve skutečnosti není určený uším veřejnosti, matka volá na manžela: *„Jacku, Jacku, já toho psa prodat nemůžu – já ho chci – to je můj pes – ona mě má ráda – já mám ráda ji – ach, Jacku.“*

Všechny zraky v sále to ubrečené drama sledují.

Otci je slabo, protože pochopil, že se velká koule osudu dala do pohybu.

„Prosím tě, Jacku, prosím tě, prosím,“ šeptá matka.

V ten okamžik každému v sále dojde, kdo toho pejsánka koupí. „PES“ půjde domů s Jackem.

Už se není třeba bát, že by to na někoho padlo, a tak se pár pánů, jimž se velmi ulevilo, teprve teď do dražby pořádně obuje. „PES“ vytvoří dražební rekord. Opakované zvýšení ceny o sto dolarů z pódia doprovází tiché *„Jacku, prosím tě“*, a Jackovo téměř neslyšitelné přisazení – vždy po pěti dolarech.

Při ,,patnáct set dolarů poprvé, patnáct set podruhé..." nastane dlouhá odmlka.

Z jeviště se ozve vzlyknutí.

Jack si za$1505 koupil psa. Přičtěte si k tomu pořizovací náklady – celkem do ,,PSA" investoval $ 1760.

Ušlechtilý manžel sklízí potlesk – jeho žena k němu pospíchá z jeviště a vrhá se mu kolem krku, zatímco ,,PES" kolem jejich nohou omotává vodítko. Společně se pak uvelebí v první řadě. Asociace rodičů na ten večer hned tak nezapomene.

Vídávám Jacka, jak ho pozdě večer pes venčí. Je jediným členem rodiny, jehož síla na psa stačí, a nechce, aby ho sousedé viděli, jak se nechává vláčet tím zatraceným, na míle daleko nejdražším psiskem.

Ze ,,PSA" se stala ,,Marilyn". Vyrostla do rozměrů, že by se klidně dala zapřáhnout před pluh. Je docela možné, že je Marylin ten nejhloupější pes na světě – už byla dvakrát v psím kursu, ale bez zjevných výsledků.

Jack se stále ještě nevzpamatoval. Nevěří, že se mu něco takového vůbec stalo.

Vždyť to přece měl písemně. Bod číslo 7. Buď děti, nebo nějaké zvíře, ne obojí.

Jenže komplikující klauzule, které se na manželských smlouvách objevují drobným písmem, jsou vždycky nečitelné. A vždy náchylné k revizím silami silnějšími, než je naše ego.

Tvrdím, že z toho vyvázl ještě dobře. Klidně mohl mít poníka, lamu nebo břichaté prase. Do člunu lásky vždycky teče. A manželství nikdy není definitivní záležitost. Kdyby ano, bylo by to něco. Vždycky to i tak je něco.

SOUČÁSTÍ TAJNÉHO života je závist.

Ve veřejném i soukromém životě byla závist vždy považována za hřích poháněný žárlivostí a sklonem k poživačnosti, což patří někam k desateru přikázání, zvláště v případě sousedovy manželky a podobných záležitostí. Přesto v odlehlé svatyni svého nitra závidíme.

Závist má několik stupňů. Závist typu ,,panebože, kdybych tak jen mohl..." doprovázená lehkým srdcem a humorem je velmi neškodná. Skoro každá závist, která nevede ke krádeži nebo vraždě, je v pořádku. Pozitivní závist odrážející potěšení z okrajových výsledků lidského pachtění je asi tak příjemná jako hořkomléčná čokoláda. Člověk si chuť na ni musí pěstovat.

Pokud jde o mě, já závidím chlapíkovi, který chodíval do hospody Buffalo v Seattlu. Motal se kolem kulečníkových stolů a nabízel, že si s vámi zahraje levou rukou. A místo tága bude hrát s polní lopatkou č. 5. A kdybyste mu dali náskok tří koulí, klidně by hrál ne násadou, ale železnou částí lopatky, kterou si omotal izolačkou, aby nepoškrábal koule. A pokud byl člověk chytrý a nebyl zrovna kdovíjaký hráč kulečníku, tak šel radši od toho. A maximálně souhlasil, že se podívá, jak ten chlápek ničí sebevědomí nějakému jinému cvokovi. Ale jestli jste se chtěli přiučit něčemu, co na gymplu nevysvětlují, a nevadilo vám, že během chvilky přijdete o dvacet dolarů, tak nebylo marné do toho s ním jít, s tou lopatkou a se vším. Já to všechno znám – z první ruky.

Teda on byl vynikající, ale ještě to nic nebylo proti jeho ženě.

Ta hrála se smetákem nebo mopem – mohli jste si vybrat – a žádný handicap nežádala.

Vyřídila všechna esa kulečníkových lokálů ve městě. Pak kulečníku nechala a začala rodit děti. Říká se, že si rozdala se svým gynekologem o účet tři kola s osmi koulemi – buď zaplatí dvojnásobek, nebo se to smaže. Vyhrála. Moje žena jí záviděla.

Moje žena také závidí Leně Horneové, vysoké černošce, nádherné sexy zpěvačce, která se už tak dlouho pohybuje na amerických pódiích. Moje žena je roztomilá malá Asiatka a je expert na dívčí skautské písničky. Je úplně v pořádku, že Leně Horneové závidí. Za takovouto závist člověk do pekla nepřijde.

Ve svých pětapadesáti si začínám uvědomovat, že některé věci už nikdy nebudu mít, něco už nikdy nebudu dělat, něčím se už nikdy nestanu. Z nedostatku příležitostí, výbavy, inklinace, talentu či něčeho jiného. V mém případě prostě nepřichází v úvahu mistrovské utkání v kulečníku s lopatkou, smetákem nebo mopem. A tak mi nezbývá, než se tajně utěšovat pozitivní závistí. Jedinou nadějí mi zůstává reinkarnace. Na reinkarnaci sázím všechno.

Ve svém příštím životě si budu schopen zapamatovat nádhernou poezii a dokážu ji procítěně a kvalitně přednášet. Budu umět vázat všechny možné uzle a nikdy to do příště nezapomenu. A až se tu příště objevím, budu mít mozek, který dokáže plynně zvládnout nějaký cizí jazyk.

Budu umět hrát na malý akordeon, stepovat, zpívat velmi hlubokým basem, předvádět kouzla a triky a hrát „A čas plyne" na pozoun tak nádherně, že všichni milenci, kteří se rozešli, se zase dají dohromady, jakmile to uslyší.

A konečně si budu pamatovat, co při pokeru co přebíjí.

Všimněte si, že vůbec nežádám, abych byl krásný, moudrý nebo multimilionář. Taková břemena bych neunesl. Většinou to jsou jenom drobnosti – dnes je závidím a příště bych je rád měl nebo uměl. Příkladem je umět mistrovsky kulečník s lopatkou.

Nebo možná s čínskou jídelní tyčinkou.

To by teprve bylo něco.

V ČLÁNKU v *New York Times* psali, kolik stojí základní nářadí pro domácnost. Tvrdili, že nejvýhodnějším nákupem je sada obsahující kladivo, patery kleště, devět šroubováků, dvanáct kombinovaných klíčů, čtrnáct francouzáků, nastavitelný francouzák, čtyřicet hmoždinek, sedm klíčů na utahování matiček, desetistopové pásmo, univerzální nůž, kleště na drát a skládací pilu. Všechno to je v hliníkové krabici –$149,95 plus daň.

Kdysi bych si býval objednal sady dvě.

Kdysi jsem si myslel, že nářadí dělá člověka. Kdysi jsem si myslel, že když už nemůžu vlastnit železářství, tak bych alespoň vedle železářství chtěl bydlet. Sen každého kutila. Na druhou stranu, kdybych měl všechny správné nástroje a všechny správné součástky, zřejmě by mě povinnost vždy *použít* ten správný nástroj a *uplatnit* tu správnou součástku dost svazovala. Rozhodně by se z běžných domácích oprav vytratil tvůrčí duch.

Já vlastně už někde v garáži mám spoustu těch úplně správných nástrojů a šuplíky mám plné správných součástek. Zato nemám čas desetkrát courat do garáže a přehrabovat se v krabicích a šuplících. Začínám si uvědomovat, že všechno to nářadí a součástky jsou takové talismany – amulety na uklidňování domácích bůžků. A v garáži je taky tma a zima.

Opravdové tajemství zdatného domácího opraváře je velmi jednoduché: V okamžiku potřeby použij, co je právě po ruce.

Dám vám příklad. Aspoň k polovině běžných domácích oprav je potřeba šroubovák. Není přece nutné vyrazit hned do garáže a deset minut hledat tu sadu dvaceti ladících šroubováků s třemi různými magnetickými konci, která přišla na šedesát dolarů. Spousta šroubováků je na dosah. Nehty. Desetník, pěťák nebo čtvrťák. Ale všeúčelovou kombinaci nože na máslo a pilníčku na nehty nepřekoná nic. Kuchyň je vlastně plná nožů, z nichž jsou báječné šroubováky. Tak co takhle jednomu z nich urazit špičku? Jednoduché – a máte dokonalý šroubovák.

Když je nůž k nepotřebě, většinou báječně fungují lžíce. Dokonce i vidličkou se dá otevřít konzerva, i když jinak by se vidličky měly spíš nechat na míchání barev. Jde o to, že po ruce máte všechny šroubováky, jaké kdy můžete potřebovat. Přímo v kuchyni.

Potřebujete lehkou pilu? Na to jsou kuchyňské nože s pilkou.

A kleště – stačí prsty. Nebo prsty a utěrka omotaná kolem vršku něčeho, co nechce povolit, ani když jste do krajů bušili rukojetí nože na maso. Při menších záležitostech kleště nahradí pinzeta nebo kolíček na prádlo. Ale nejlepší kleště máte v puse – zuby, samozřejmě zuby. Ale nenechte se nachytat dětmi.

A když už jsem se dostal k částem těla, promluvme si o masívnějších nástrojích – to jsou kolena, lokty, pěsti a nohy. Spousta věcí se dá spravit kopáním, boucháním, třesením a házením.

K řezání a otvírání věcí pochopitelně slouží všechny nože v kuchyni, a také žiletky a manikúra v koupelně, což je zároveň moc dobré místo, kde se takové věci mají používat, protože jsou tam také náplasti, které pokud používáte ostré nástroje, budete dříve nebo později potřebovat.

Skelný papír? Pilníček na nehty na jemnější práce, struhadlo na projekty drsnějšího ražení. Struhadlo na muškátový oříšek na práce dokončovací.

Izolační páska. Izolačka nesmí chybět. Žádná domácnost, kancelář, manželství ani život se bez ní neobejdou. Izolačky není nikdy dost. Věděli jste, že podle NASA se na ni nesmí zapomenout při žádném kosmickém letu? Čestné slovo.

Základní věcí je také tužka a blok – takže pak můžete napsat vzkaz opraváři, který přijde, když jste to s opravou čehosi přehnali.

Pro různé drobnosti nechoďte do železářství. Jděte do bazaru, který v garáži pořádají nějací důchodci před stěhováním na Floridu. Kupte tam šuplík nacpaný věcmi, který mají někde v kuchyni. V němž se třicet let hromadily všechny možné drobnosti. Skoro všechno, co můžete při opravách v domácnosti potřebovat, v něm najdete.

My vlastně doma, v soukromém a tajném životě, většinou všechno nějak zvládneme. Tak kočírujeme svůj život skoro pořád. Je třeba se s tím smířit. Dokonce z toho mít příjemný pocit. A zdokonalovat se v tom. Je to otázka přístupu, jak to shrnuje devět pravidel z Fulghumova Průvodce kutila po domácnosti:

1. Snažte se pracovat o samotě. Publikum většinou moc nepomůže.

2. I když vám maminka zřejmě říkala pravý opak, při domácích opravách pomáhají jak modlitby, tak klení – ale pouze pokud pracujete sami.

3. Pokud to jen trochu jde, pracujte v kuchyni – je tam spousta užitečného nářadí, je tam teplo a sucho a máte to blízko do ledničky.

4. Pokud jde o závadu v elektronice, běžte si koupit nový přístroj, anebo se poraďte s dvanáctiletým dítětem.

5. Držte se selského rozumu. Zapojte porouchanou věc do zdi, vyměňte baterie, žárovku nebo pojistku, podívejte se, jestli nádrž není prázdná, zkuste zmáčknout knoflík na zapínání nebo to prostě přetřete štětcem.

6. Vždycky počítejte se zázrakem. Když rozebíráte budík a ten vám při tom spadne na zem a najednou začne jít, tak jste ho spravili.

7. Když něco vypadá, že to visí rovně, tak to visí rovně.

8. Pokud napoprvé neuspějete, je třeba přehodnotit, co je to úspěch.

9. A především – jestli jste udělali nějakou blbost, která funguje, pak to není blbost.

JE SRPEN – STŘEDA RÁNO – a já se sunu silnicí k městečku a do holičství U vystrčenýho zadku. Při řízení přemýšlím, jestli někdy budu jako ti dědkové, kteří neznají nic lepšího, než se poflakovat u holiče a vyměňovat si historky. Doufám, že ano.

A když se na sebe podívám do zpětného zrcátka, vidím, že mám k dědkovství daleko blíž, než jsem si myslel. A mám pár svých vlastních historek. Možná si po ostříhání dneska jen tak vyberu židli a předhodím vespolek dobrodružství, které jsem zažil v sedmnácti. Možná bych si to měl nacvičit – trochu ten dědkovský styl a intonaci propracovat.

,,Tak já vám povím o můrách. Lidi tady povídaj, že je hlavně třeba dát si bacha na černý vdovy, ale já vám povím, že můry jsou horší – sežerou vám šaty a ještě způsoběj požár. Můry jsou daleko nebezpečnější, než si myslíte. Jo, můry. Dostat se do patálie s můrama může bejt vaše smrt. Jedna taková mrcha jednou v létě skoro podpálila ubytovnu na ranči v Prade. Hned vám to povím. Já jsem ten rok ještě s dvěma nebo třema parťákama spravoval pro starýho Mickela ohrady.

Večer si Rusty rád svítil lampou a četl si, dokud neusnul. Jenže veškerej hmyz z carsonskýho okresu se k tomu světlu slejzal a Rusty nedělal nic jinýho, než že mlátil a rozmačkával ty hmyzy, a ke čtení se vůbec nedostal. Mohl z toho vyletět z kůže. A tak jednou večer, i když bylo příšerný vedro, Rusty na noclehárně pozavíral všechny dveře a okna a do všech děr a škvír, kudy by se hmyzové mohli dostat dovnitř, nastrkal noviny a ponožky. Dělal to asi hodinu a úplně se při tom zpotil, ale říkal, že mu je úplně fuk, jestli se v tom vedru třeba upeče, jen když nezešílí z těch potvor.

No prostě si Rusty dal lampičku nad postel a vzal si časopis *Life,* stočil ho do ruličky a mlátil s ním jako s pálkou do těch zbylejch potvor, který byly tak pitomý, že šly za světlem. Úplnej masakr. Já vám povím, že z hmyzů lítaly chloupky. Všude se válely kusy hmyzích mrtvol. Zabil ty mrchy úplně všechny. Aspoň si to myslel.

Nastalo ticho a Rusty si ubalil cigaretu, vzal si starej *Reader's Digest* a uvelebil se v posteli, aby si v klidu početl. Už skoro začal usínat, když se čert ví odkud vzala ta ohromná, chlupatá šedivá můra a začala kroužit kolem světla a nalítávala mezi Rustyho a jeho *Reader's Digest,* a tak se po ní Rusty začal ohánět, ale nedokázal ji ani chytit, ani zabít. No nejspíš mu něco přeskočilo v hlavě, protože najednou vylítnul z postele, ječel a sakroval a letěl do vedlejší místnosti, popadl tam poleno, a když se vrátil, tak řval: „JÁ TI UKÁŽU, TY PARCHANTE! TY UŽ MĚ DLOUHO SRÁT NEBUDEŠ!“ A přeběhl přes postel. Párkrát se po tý můře ohnal, ale netrefil se, a můra vylítla až ke stropu, kam Rusty nedosáhl, a sedla si tam, a tak začal bušit do zdi a řval na můru: „CHCÍPNI, TY MRCHO, CHCÍPNI!“

Rusty bušil do zdi a můra nakonec uletěla a zase začala kroužit kolem světla. Rusty se po ní ohnal, ale netrefil se; zato to napálil přímo do petrolejky, jako by při baseballu mířil hodně hluboko do pole. Rozflákal tu petrolejku a po celý východní straně ubytovny bylo roztříštěný sklo a hořící petrolej. Ani s dynamitem by to Rusty nedokázal líp. No a tak celá zeď byla v plamenech a všude po podlaze sklo a já vám povím, že jsme všichni vylítli z postelí a hnali jsme se pro nějaký to vědro, hadici a lopaty a řvali jsme jak psi při rvačce. Uhasili jsme ten oheň, ale až když stačil ubytovnu parádně sežehnout. Ještě tejden jsme prali saze z prostěradel a sbírali jsme sklo, co nám chřustilo pod nohama.

Za pár dní si Rusty zase chtěl číst a najednou se mu ta velká šedá můra zase přitřepotala na polštář. A Rusty ječí: „TO JE VONA, TO JE VONA, MUSELA VSTÁT Z MRTVEJCH!“ Mně se to ale nezdá – ani můry takhle pitomý nejsou. A Rusty huláká, že si veme brokovnici a odpálí tu mrchu na onen svět. V ten okamžik jsem zhasnul lampu. Chtěl jsem se dožít vejplaty.“

Do holičství jsem dorazil ve výtečné náladě. A udělal jsem to – nechal jsem se ostříhat a pak jsem šel ven, kde ve stínu na chodníku sedí na starých židlích s rákosovými sedátky dědkové. A vypověděl jsem svou historku. Zdvořile se zasmáli, tak trochu shovívavě. Byla to poslední historka, kterou jsem ze sebe stihl vypravit. Řekl jsem jim, že mám v zásobě ještě lepší, ale oni mazali pryč.

Bylo to jednoduché – amatér se ocitl mezi profesionály. Celé to představení netvoří jenom obsah vlastní historky. Budu se muset naučit, jak správně nastavit pusu, naučit se nesmát vlastnímu vyprávění a sedět na židli nonšalantně a tak trochu jako pytel brambor. A nejspíš se taky naučit plivat. Ke skutečnému dědkovství mám zřejmě ještě velmi daleko.

ZA POSLEDNÍCH NĚKOLIK MĚSÍCŮ mi přišly informace od následujících organizací:

Národní asociace tetování
Mezinárodní nadace na záchranu kalambúru
Mezinárodní sdružení amerických klaunů
Burlingtonský klub lhářů
Mezinárodní klub sběratelů náprstků
Národní asociace za práva obézních
Společnost pro výzkum pohádek
Liga proti obřízce
Mezinárodní federace asociací hráčů blech
Historická drůbežářská společnost Ameriky
Americká společnost sběratelů zapalovacích svíček
Fan klub hraběte Drakuly
Mezinárodní sdružení Bobů
Asociace sběratelů sněžících těžítek
Fan klub pianisty Liberaceho
Národní asociace chovatelů zakrslých koz
Klub sběratelů drobných suvenýrů
Americká asociace milovníků krys a myší
Létající majitelé pohřebních ústavů Ameriky
Mezinárodní společnost na ochranu netopýrů
Americká rada puntíkatých zadků, a. s.
Američtí entuziasté horských drah
Americký klub váhavých
Společnost pro výzkum nevysvětlitelného

Členství v té poslední organizaci by se pro mě hodilo, protože já o tu neskutečnou hromadu pošty nežádal a dalo mi dost práce, než jsem své sekretářce a manželce vysvětlil, jak se ta lavina ke mně dostala. O účast ve Společnosti pro výzkum nevysvětlitelného bych se klidně mohl ucházet.

Nejprve jsem všechny ty brožurky považoval za zábavné, pak pozoruhodné a nakonec fantastické.

Většinou to jsou seriózní organizace a jejich existence by neměla být brána na lehkou váhu.

Na právu svobodně se sdružovat a shromažďovat je tato země založena.

Tady je důkaz, že alespoň někteří z nás tu výsadu využívají.

Různých organizovaných spolků musejí být tisíce a tisíce – lidé hledají jakousi spřízněnost kolem téměř každého lidského zájmu nebo pohledu na svět. Tyto organizace ilustrují, jak moc potřebujeme společnost – jak potřebujeme vědět, že nejsme jediní svého druhu, a to přes paradoxní snahu být jedineční.

Také mi přišly materiály od jednoho pána, který byl jediným členem svého spolku. Ale přišel na to, že i někteří jiní lidé patří do jednočlenných skupin, a tak je teď předsedou Mezinárodní asociace cílevědomých samotářů a jednočlenných klubů.

Příliv nevyžádané pošty neustával a já si uvědomil, že to musí být dílo nějakého vtipálka. Nějaký kamarád si ze mě vystřelil. Konkrétně jsem myslel na tři. Tři kamarády s nejrozvinutějším smyslem pro habaďůry všeho druhu, kteří se vždy pohybují mimo konvence. Nechtěl jsem se ztrapnit, a tak jsem po několik týdnů opatrně podezřelé pozoroval.

A když jsem si byl jistý, kdo z mých přátel všem těm spolkům moje jméno poskytl, poslal jsem jim *jeho* jméno a adresu a zaplatil jsem za něj členské příspěvky – do všech těch spolků.

Vrátil jsem mu to.

Jenže kdepak. Ten vtípek se obrátil proti *mně*.

Podezíral jsem nesprávného kamaráda.

A člověk, jehož jsem do všech těch organizací přihlásil, je teď zavalen členskou korespondencí, jako jsem byl i já. Gratuluju mu. Asociace záhadné pošty „Odkud tohle sakra přišlo?“ už teď má *dva* členy. Vítejte do našeho klubu!

SKORO CELÝ ŽIVOT jsem znal velmi málo lidí s příjmením Fulghum (Fuldžum). Moje nejbližší rodina nebyla početná a dost brzy vymřela a já na téhle větvi rodokmenu zůstal jako poslední jablko. Z nedávného genealogického výzkumu, který provedlo několik vzdálených příbuzných, vyplývá, že každý člověk s mým příjmením je nějak příbuzný. Po několik let teď pořádáme celonárodní sjezd. Robertů Fulghumů je tolik, že by dali dohromady baseballový tým.

Jak by se dalo čekat, v okamžiku sestavení rodokmenu jsme se začali zajímat o slavné předky, s nimiž jsme údajně spřízněni. O vikingské piráty, krále, křižáky, rytíře, vévody a ty, kdo doprovázeli nájezdníky a dobyvatele sem a tam.

Ale vůbec nejsem přesvědčený o tom, že právě na tyhle maníky bychom měli být kdovíjak pyšní. Copak to nebyli hamižní lupiči a rabiáti, kteří bojovali s nevinnými lidmi? Nebyli to snad feudálové, kteří utlačovali vesničany? A nebyli to kočovní kořistníci, kteří chtěli něco dostat za nic?

A co ženy – trápí mě, že významné ženy jsou z rodinné síně slávy úplně vynechané.

A vsadil bych se, že kromě ukázkových jedinců jsme v rodině měli i dost blbů, lhářů, zlodějů slepic, kapsářů, zbabělců, špatných kuchařů a cvoků.

Pravdou je, že naprostá většina z těch, jejichž geny v sobě máme, byli velmi obyčejní lidé. Seděli doma a starali se o sebe, takže nevíme, jak se jmenovali, a jen málo víme o jejich životech. Byli spíš jako my, dnešní Fulghumové, a ne ti, co se po staletí dostávali na titulní stránky.

Říkám si, jaké to asi bylo za starých dobrých časů.

Představuji si sám sebe v dubnu roku 992, přesně před tisíci lety.

Je desáté století. Století asi uprostřed toho, co moderní historici nazývají raným středověkem. Století, v němž jediné světlo poskytovaly slunce, měsíc, blesk, oheň a hvězdy. A jediným zdrojem energie byly lidské nebo zvířecí svaly a padající voda. A jmenoval jsem se tak nějak jako Robert Foul-legged, tedy Kulhavý (v normanštině *fol-jambe*).

Nejspíš jsem noc strávil na podlaze na špinavé slámě, zabalený do zavšivených hadrů, ve stejné místnosti se svou ženou, devíti dětmi, třemi bratry, sestrou, tchyní, pratetou a několika sirotky.
Bydlím v několika propojených chýších z bláta a proutí a v noci s námi jsou dvě krávy, dvě prasata, pár kachen, slepice a několik psů.

Vzbudily mě slepice vyzobávající havěť z hadrů, které jsem měl omotané kolem hlavy.

Po snídani sestávající z tvrdého okoralého chleba barvy bláta a z šedivé ovesné kaše se ve stejných šatech, v jakých jsem i spal, vydám na feudálova pole a celý den budu v dešti tlačit pluh. Ze záznamů vyplývá, že v desátém století hodně pršelo. Dva z mých synů a moje žena budou pluh rozbahněnými poli vláčet se mnou. Moje myšlenky nejsou dvakrát vznešené.

„Kdy budu jíst?“

„Já ty slepice nakopu.“

„Už zase leje.“

„Jsem unavenej a je mi blbě.“

„Dáme si tu slepici.“

Každý den se děsím, že mě v jakýkoliv okamžik může pohltit jedna z menších válek, které v okolí neustále probíhají, nebo že mi ozbrojení bandité odnesou domácí zvířectvo, ženu nebo děti.

Každý den se děsím, že mě pán povolá do boje, abych za něj někde umřel, nebo že pošle své lidi, aby pro něj z mé úrody vzali ještě větší díl, než bylo domluveno.

Pracuju do tmy, šest dní v týdnu, dvaapadesát týdnů do roka, nemám dovolenou ani nemocenskou.

V noci se se svými příbuznými schoulím u čadícího ohně z mokrého dřeva, budu si drbat kousance od blech, budu si vybírat vši, jíst kaši a přemítat, proč v chýších za řekou všichni minulý týden pomřeli.

Zase si lehnu ve svých hadrech k spánku z vyčerpání, hladový, což jsem od nepaměti. Neumírám přímo hlady, jenom mám hlad.

Nemám doktora ani zubaře. Neumím číst, psát ani řešit aritmetické příklady. Sex a vyměšování jsou potřeby, které uspokojuju, kdykoliv a kdekoliv nastanou.

Protože se to vyžaduje, vleču se v neděli mnoho mil do malinké kaple, abych si vyslechl kázání o zatracení a pekelném ohni. V hněv naštvaného Boha není těžké uvěřit – můj každodenní život mi neustále připomíná, že jsem určitě upadl v nemilost. Hladomor, povodně, sucho, mor, daně, dýmějový mor, války, špína a předčasná smrt jsou tak normální jako příchod nového dne.

Po bohoslužbě možná zajdu ke kamarádovi, který má sud nakyslého piva, opiju se, servu se s klackem, až mě někdo srazí do příkopu, dostanu pokutu a domů mě přivleče rychtář, aby mě pak druhý den ráno mohly slepice zase klovat do hlavy.

Takový život je každodenním surovým bojem o holou existenci – veškerou energii vyčerpávám při pouhém úsilí zůstat naživu. A to si ještě žiju lépe než mnozí jiní.

Vše je velmi prosté a nekomplikované – pokud to může někoho potěšit.

Nemusím si lámat hlavu smyslem života ani událostmi ve světě za tím, co vidím z prahu svého domu. Církev zná odpověď na každou otázku, která se v mé prosté hlavě může zrodit. A já věřím, že se jednoho dne dostanu do nebe, kde všechno bude úplně báječné. V nebi nejsou slepice, nebo se to aspoň říká a já tomu rád věřím.

A nebudu na to nebe muset dlouho čekat. Čtyřicítka je v desátém století velmi slušný věk. A s velkou pravděpodobností bude po mně ještě dříve – umřu hlady, na nějakou infekci, na mor, ve válce nebo prostě jenom celkovým opotřebováním.

Moje geny ty krušné časy přežily.

Ti slavní příbuzní mně zdaleka tak neimponují jako ti bezejmenní pořízci z rodu, kteří přežili díky své nezdolnosti. Jsem hrdý na to, že jsem jejich potomek.

Myslím na ně, když mě ubíjejí okolnosti mého vlastního života.

A tak vstanu a jdu dál se vzpomínkou na ty nezlomné lidičky – kvůli těm, co přijdou po mně.

VNITŘNÍ ROZHOVORY, které vedu se svým dvojníkem – a se svým výborem –, pro mě někdy jsou těžko pochopitelné. A pro nezasvěceného pozorovatele by to bylo ještě horší. Ale tyto rozhovory se odehrávají v tajné komnatě, kde se tvrdě pracuje. Chci pohovořit odtamtud. Snad pomůže, když to podám ve formě interview se sebou samým:

,,*Jaké bylo nejlepší jídlo, které jsi v životě jedl?*"

,,Kuřecí vývar a slané krekry."

,,*No tak, mluv trochu vážně.*"

,,Nic si nevymýšlím. Asi před deseti lety jsem na silvestrovském mejdanu vypil skoro celou láhev řecké brandy – a ve stejném okamžiku ve mně, aniž bych o tom věděl, uzrávala nejhorší chřipka, jakou jsem kdy zažil. A ráno jsem měl takovou tu kocovinu ,,Ach bože, pomoz mi a já už to víckrát neudělám" zkombinovanou s hongkongskou chřipkou. Hlava mi tak třeštila, že jsem skučel při každém nepatrném pohybu. Několik hodin jsem byl ve sprše a všemi možnými otvory ze mě něco teklo. Tělo mě bolelo, až jsem musel brečet. Čtyři dny jsem si myslel, že umřu. Skoro jsem se na smrt těšil.

A hodně pozdě páté noci jsem dostal hlad. Ve tři ráno jsem opatrně riskl lžíci horkého kuřecího vývaru a jeden slaný krekr. Ano... JDE TO! A já si okamžitě uvědomil, že mám ten očistec za sebou. To, co šlo dolů, se zase hned nevracelo opačným směrem.

A tak jsem si dal celý hrnek kuřecího vývaru a celou krabici krekrů. Nic, vůbec nic mi nikdy tak báječně nechutnalo. Nejlepší jídlo mého života."

,,*Nejlepší pocity člověk má, když se začne cítit líp poté, co se cítil příšerně.*"

,,To platí na všechny krize – malé i velké."

,,*Řekni mi o nějaké velké.*"

,,A co takhle třeba jak jsem chtěl spáchat sebevraždu? Před pětadvaceti lety.

Krušné časy. Všechno kolem bylo odporné a prožluklé – práce, manželství, kariéra, přátelství, rodinný život a budoucnost.

Ironií bylo, že jsem tehdy dělal dobrovolníka ve čtyřiadvacetihodinovém telefonním krizovém centru. Uprostřed noci volali zoufalí lidé a říkali, že chtějí spáchat sebevraždu. Nechal jsem té práce, když jsem začal mít dojem, že jsou na správné cestě. Zabít se mi začalo připadat jako dobrý nápad."

„A co jsi udělal?"

„Jednoho rána – jednoho pondělního rána – jsem prostě utekl z domova. Sedl jsem do auta, odjel na letiště a nasedl do prvního letadla. Letělo do Texasu, což bylo poslední místo, na které bych si vzpomněl, ale protože jsem tam vyrůstal, možná jsem právě tam podvědomě chtěl – zpátky ke kořenům, uzavřít kruh, zjistit, kde se to vlastně všechno začalo kazit, já nevím..."

„A co jsi udělal, když jsi tam přiletěl?"

„Chtěl jsem si koupit pistoli, ale pro lidi z jiného státu platila čekací lhůta. Takže zastřelení jsem vyloučil, což mi nevadilo, protože já se vlastně zastřelit nechtěl – nechtěl jsem, aby po mně musel někdo uklízet."

„A co bylo dál?"

„Hledal jsem, odkud by se dalo skočit, ale v té části Texasu nebylo nic dost vysokého, a navíc bych zase někomu způsobil ty samé nepříjemnosti.

Uplynuly dva dny. Zabýval jsem se technickou stránkou sebevraždy a popojížděl jsem přitom ve vypůjčeném autě krajinou svého dětství. Kdybych ti řekl, co mi běželo hlavou, musel bych si to vymyslet. Protože si to vůbec nepamatuju. Byl to vlastně takový sen, a taky vážné ohlédnutí za minulostí, ale slova se na to nehodí – pohyboval jsem se někde v suterénu duše.

Konečně dostal můj plán pevné obrysy. Koupil jsem si hadici od vysavače a širokou izolační pásku. A ten večer jsem vyrazil do plání a jel jsem několik set mil, zabočil jsem na prašnou silnici a jel jsem dál. Pak jsem zastavil. Chtěl jsem hadici přilepit k výfuku a zavést ji dovnitř postranním vyklápěcím okénkem."

„A na co jsi v tu chvíli myslel?"

„Bylo to jako spor tří lidí.

Jeden už to chtěl skoncovat. Druhý jako by si myslel,

že je to legrace, a třetí se zabýval problémy kolem toho lepení a bylo mu jedno, jak to dopadne. Vzpomínám si, jaké rozhovory tam zaznívaly: ‚Nemůžeš sebou trochu hodit?‘, ‚Ten to nikdy nedokáže.‘ a ‚Jedinej problém je ta pitomá páska, co jsi koupil.‘

Potíž byla v tom, že hadice byla kulatá a výfuk oválný a já to musel propojit za použití spousty pásky, abych ten rozdíl v tvaru zakryl. A když jsem nastartoval, horko z výfukových plynů roztavilo lepidlo na té pásce a hadice odpadla.

Bylo to srandovní. Úplně absurdní. Jsem tak blbej, že ani něco tak jednoduchého nedokážu pořádně. Před sebou samým mě chránila vlastní neschopnost. Dal jsem se do smíchu. Vždyť já se ani nedokážu zabít. Smích přecházel v hysterii, pak ho vystřídalo zoufalé vzlykání. Následovalo ticho a pak zase smích. Možná bych tam mohl jen tak sedět a umřít na blbost. Představil jsem si novinové titulky: ‚Muž se zabil nečinností – podlehl vyčerpání po mnoha nepovedených pokusech o sebevraždu.‘

Moc velkej blbec pro život – to jsem já.

Jenže co kdyby se mi to bývalo povedlo? Představil jsem si, jak moje tělo dřepí za volantem toho pronajatého auta někde v roští uprostřed divočiny – a svět jak se točí dál beze mě –, a přišlo mi to celé jako příšerný nesmysl.

A začal jsem myslet na své předky – říkal jsem si, že právě teď žiju, protože hodně mužů a žen bylo schopných zvládnout všechno, co na ně život navalil, a jít dál. Moje geny přežily temný středověk, černou smrt, přes oceán se dostaly do neznámé země, přežily války a nepovedená manželství, bankroty a všechny možné prohry, takže můj problém rázem vypadal jako nedělní výlet. Do mých genů byla napevno zabudována nezlomnost. Tak jak bych se teď mohl vzdát? Jak bych to mohl všechno odhodit?

A zase jsem se dal do smíchu. Smrt nebyla zrovna to, po čem jsem toužil. Nechtěl jsem *méně* života, ale *více* života – života smysluplného. A kdybych se chtěl něčemu zasmát, tak jsem na ten pravý objekt přišel: budu se smát sobě, už vždycky jenom sobě – většího cvoka nikde nenajdu.

A nikdy mi v životě nebylo tak nádherně, jako v ten okamžik. Nejlepší pocit na světě nastává, když se zase začneš cítit dobře poté, co ti bylo příšerně.“

„A co se stalo pak?“

„Vrátit se domů z útěku, při němž jsem se hodlal zabít, bylo dost trapné. Když nic jiného tak jsem měl skvělou náladu, náladu nevázanou a přitakávající životu. Měl jsem pocit jako Lazar po vzkříšení.

Na druhou stranu jsem přidělal starosti rodině i přátelům a čekal jsem bouřlivý výstup se ženou. Kupodivu zachovala klid. Když na to teď myslím, mám takové podezření, že si občas přála, abych prostě zmizel nebo aby mě to někde kleplo. A když už to vypadalo, že se přesně to stalo, musela si i ona některé věci přehodnotit.

Její reakce byla naprosto neuvěřitelná.

Koupila mi dárek na přivítanou, jako by říkala ‚jsem ráda, že ses vrátil živej‘.

Kanárka. Žlutého, živého, zpívajícího kanára.

Já na různé zvířectvo v bytě moc nejsem. Ale najednou jsem měl v pokoji na okně v drátěné kleci toho krásného ptáka, a ten zpíval, jako by ten jeho zpěv byla koncentrovaná radost. Velmi absurdní. A přitom úplně správné. Vzpomínám, jak jsem na něj křičel: ‚ZPÍVEJ, ZPÍVEJ CO NEJVÍC!‘

Manželství se nám rozpadlo do roka a kanár uletěl, když jsem mu čistil klec. Ale já matku svých dětí budu za ten chápavý dar v podobě kanárka vždycky milovat. On ještě stále zpívá v tom nejprosluněnějším okně mé duše a vítá mě doma, když se vracím z nikdy neustávajících býčích zápasů.“

„Býčích zápasů? Jakých býčích zápasů? Řekni mi o nich něco.“

„Jako mladík jsem otce doprovázel na služební cestě do Mexika. A v Mexico City jsme se šli podívat na býčí zápasy do Plaza de Toros. Nádherně příšerný zážitek. Takový, při němž se člověk cítí nesvůj. Zažít na veřejnosti strach, krev, smrt a energii rozvášněného davu se velmi podobalo hrůzným a ošklivým výjevům, skrytým v mých snech a představách. Brečel jsem.

Díky tomu silnému zážitku jsem se od býčích zápasů po několik let nedokázal odpoutat, i když na živé představení už jsem pak nikdy nešel. Četl jsem o tom hodně knížek, sbíral jsem fotografie, viděl spoustu filmů a mluvil jsem s fanoušky a dvěma profesionálními toreadory.

Nejde o to, že bych měl býčí zápasy rád jako takové. Ale jsou pro mě tou nejjasnější metaforou pro boj s temným, nebezpečným démonem smrti, který v aréně mé mysli občas pobíhá.

Zkušeností a tréninkem se dá pravděpodobnost triumfu nad býkem zvýšit. Já si býka vážím. A vím, že i ti nejlepší toreadoři jsou často jen kousíček od smrti. A někdy – někdy – býk vyhraje.

Můj býk je zvíře, které se chce samo zničit. Neustále si jeho přítomnost uvědomuju.

Ale v pětapadesáti jsem coby toreador na vrcholu sil.

V přítomnosti býka mám sebevědomý pocit.

Ta sebedůvěra se nazývá *ver llegar* do arény. Znamená to ,,vidět je přicházet". Je to schopnost správně se rozkročit, zaujmout postavení a klidně se, jako ve zpomaleném filmu, dívat, jak se býk blíží, a zároveň si uvědomovat, že máte všechno, co je k bezpečnému manévru s býkem zapotřebí. Je to dynamická stabilita. Nehnutě stát je také taneční krok, tak jako i okamžiky ticha jsou součástí hudby. Sebevědomí vyrůstá z toho klidu. A vyplývá z mnoha soubojů s býkem, který probíhá kolem. Dokážeš býka zvládnout a porazit, protože už jsi to dokázal dřív.

Můj býk se na mě řítí v okamžicích, kdy podlehnu nutkání zkoumat svůj život pod mikroskopem. Pod čočkou se z malinkých roztočů stávají draci a strach s sebou nese slabost. Anebo se býk přiblíží, když se ve spěchu snažím popadnout všechna zavazadla svého života a vléct je po nikam nevedoucím točitém schodišti, a zoufám si nad absurditou svého žití. V takovou chvíli se objeví býk. Protože si myslí, že ho přivítám jako takové řešení.

Už toho býka dnes znám. Cítím jeho pach a vytuším ho, ještě než se pohne. Jsem rád, že existuje. Tak pojď, toro. Rozkročím se a dívám se, jak se blíží. Zaútočí na mě a já ho pohybem mulety svého sebevědomí bezpečně provedu mimo sebe. Dav v mé hlavě šílí. OLE! Ten dav tvoří všichni mojí předkové, kteří zvítězili nad svými býky – a teď mi fandí. OLE!, OLE!, OLE!

,,A vždycky když je býk poražen, nastává ticho."

,,A v tom tichu začne zase zpívat ten pták na okně?"

,,Přesně tak."

V ROCE 1984 jsme si se ženou hodili na záda batohy a vyrazili jsme na pětiměsíční cestu kolem světa. Uskutečněný sen. Úžasný poznávací vandr. Romantické těšení je věc jednoduchá, ale realita byla nejednou dost drsná.

Cestování je dost náročná práce. Spoustu času pohltí pouhé zvládání neznámého – jazyka, peněz, místních zvyklostí a úředníků, ubytování a stravy. Problém se zásadou „od všeho ujet" spočívá v tom, že doopravdy od všeho ujedete – od všech pohodlných samozřejmostí, co máte doma – a také od známých vůní, zvuků a kulturních návyků, které jsou tak příjemné a ani si je neuvědomujete. Mít veškerou mentální energii dlouhodobě ve střehu je vyčerpávající. Člověk začne být podrážděný. A ve dvou je to ještě horší.

Únava z dobrodružství z nás opadla v Thajsku při jízdě na slonu.

Došlo k ní uprostřed naší cesty, kdy jsme si říkali: „Když se máme tak bezvadně, tak proč nám vlastně není bezvadně?"

Jeden známý pro nás zorganizoval výlet do lesní rezervace na sever od Chiangmai, kde se dodnes na těžkou dřevorubeckou práci používají sloni. A my se na to měli podívat ze sloního hřbetu. O bok slona opřeli vratký žebřík. Opatrně jsme se vyšplhali na neméně vratkou dřevěnou plošinku, kterou měl slon připevněnou na zádech. Úzkost při nasedání vystřídala úzkost při samotné jízdě. Byli jsme hodně daleko od země a měli jsme pocit, že nás to ohromné, kolébavě pochodující zvíře tím směrem kdykoliv může katapultovat.

A když nám zase přistavili žebřík, abychom mohli vystoupit, všiml jsem si malého nápisu na vrchní špricli.

Upozornění pro sestup ze slona:

Nejprve zklidněte svou mysl.
Dolů to je daleko jednodušší než nahoru.

V následujících letech mi z paměti vyprchalo hodně zážitků z té cesty kolem světa. Ale v návodu pro život mám nesmazatelně vepsané to varování z prvního příčle toho thajského sloního žebříku. Instrukce pak ještě pokračovaly – psali tam, že je třeba se držet oběma rukama a že se do slona nesmí šťouchat. Ale mě oslovil ten první řádek.

Ještě i dnes když se chystám udělat nějaký krok, který bude mít jisté následky, velké či malé, na přístrojové desce mi v hlavě zabliká kontrolka: „Chystáš se sestoupit ze slona." A někdy, někdy se mi dokonce podaří zklidnit si mysl.

VŽDYCKY V ZÁŘÍ dorazí do naší čtvrti v Seattlu fotbalové šílenství.

Že fotbalová sezóna začala, poznáme v okamžiku, kdy se u dveří domů začnou objevovat děti prodávající drahé čokoládové tyčinky, aby si vydělaly na dresy. Ty nervózní postavičky na přední verandě jsou zelenáči – ve fotbale i v podomním obchodování.

Takhle nějak to probíhá:

Nesmělé zaťukání na dveře. Malé dítě. S hlavou sklopenou něco mumlá a natahuje ruku s čokoládovou tyčinkou, jako by omluvně vracelo něco kradeného.

Dítě tady být nechce.

Ani rodič schovaný o kus dál v křoví tady být nechce.

A vy žádnou čokoládu nepotřebujete.

Ale protože jste v tomhle skorošvindlu kdysi také byli dětmi a několikrát i rodiči, je třeba zaujmout své místo v tom rituálu, jímž se mladý člověk zasvěcuje do podnikatelského kapitalismu, sportu a amerického způsobu života.

(A kromě toho je sice pravda, že žádnou čokoládu *nepotřebujete,* ale zato ji *chcete,* a máte pocit, že je velmi správné tomu dítěti pomoci a ještě přijít k cukroví.)

Devítiletá dcera mého kamaráda nedávno touto zkouškou dospělosti prošla způsobem, který byl zároveň katastrofální i triumfální.

Byla to první sezóna jejího družstva, a tak každé dítě muselo kvůli dresům prodat aspoň jednu krabici tyčinek. Ukázka fotbalové týmové solidarity – všichni nějak přispívají ke vstřelení gólu.

Holčička přijala svou krabici s čokoládou bez jakéhokoliv nadšení – přesně takhle bude za pár let smířená s uhříky; je to něco, čemu je třeba se pokud možno vyhnout, ale jestli to jinak nejde, tak se to musí vydržet.

S míčem si hrát chtěla. Netušila, že podmínkou jsou nějaké maloobchodní operace, ale co se dá dělat.

Její rodiče si od ní nekoupili rovnou celou krabici, jak doufala. Plán A tedy nevyšel.

Její bratr s kamarády jí nepomohli, i když se krádeží několika tyčinek pokusili její zásoby ztenčit. A všichni kamarádi v nedělní škole čokoládu na prodej měli také.

Týden měla krabici s tyčinkami schovanou pod postelí v naději, že si je nějaká víla odnese a nechá tam za ně peníze. Smůla – nic takového se nestalo.

Otcova ješitnost se ozvala v okamžiku, kdy mu zavolala čokoládová předsedkyně fotbalové ligy a chtěla vědět, co se děje a proč že jeho dítě nepřišlo na trénink ani nedoneslo tržbu za čokoládu. Přislíbil výsledky.

V nouzi své dceři poskytl rychlokurs obchodního cestujícího a také povídal o osobní odpovědnosti. Začal to s dcerou nacvičovat. Ona odešla ke dveřím a trénovala klepání a otec křičel „*Hlasitějc, já tě neslyším!*", dokud nedokázala do dveří bušit jako při policejní razii.

Otec ji učil dívat se nahoru, mluvit zřetelně a v případě potřeby nabízet dvě tyčinky v ceně jedné. Nakonec ji přiměl k výkřiku: „KUPTE SI TU ČOKOLÁDU, NEBO VÁM ZAPÁLÍM BARÁK!", načež usoudil, že už ten kurs asertivity stačí. A odkráčel s dcerou nabitou odhodláním. Úplně z ní čišelo.

U prvního domu jí otec plácl přes zadeček, jako by chtěl říci „a pořádně do nich". Schoval se za strom a sledoval, jak se jeho dítě čokolády zbaví. Holčička stála přede dveřmi bez hnutí pět mučivých minut a otci nakonec došlo, že z ní elán vyprchal. Šel ji zachránit a v tichosti pak spolu kráčeli domů.

Následovala další nalejvárna, jak je důležité překonávat překážky a mít odvahu a jaké to bylo, když byl malý kluk. Apeloval na její budoucí postavení ve feministickém hnutí. Opravdová ženská něco takového dokáže, nebo snad ne? Jo, dokáže. Tak jo, deme na ně!

Tentokrát chtěla jít sama – otec číhající za postranní čarou ji znervózňoval.

V prvním domě zabušila na dveře – a pak utekla.

Ještě několik dalších lidí v sousedství se pak divilo, kdo že jim to zaklepal na dveře a potom utekl. Dítě si uvědomilo, že klepání na dveře je nad jeho síly, a zbytek odpoledne strávilo v garáži – na zadním sedadle rodinného sedana. V poraženecké náladě se dcera objevila až u večeře.

Ale otec to vzdát nemohl. V sázce bylo příliš mnoho. Šlo o klíčové období v životě jeho dítěte. Začal zvažovat význam reklamy. Využít výhodné polohy. Rodina bydlela v univerzitním městě, ve čtvrti, kde fotbaloví fanoušci nechávají auta, když míří v sobotu odpoledne na stadion. Kolem procházejí stovky lidí. Určitě budou chtít a potřebovat něco sladkého!

Otec své dceři vysvětlil princip reklamy a přesvědčil ji, že stačí vyrobit nápis, a ona se pak hodinu před utkáním postaví na rohu a fanoušci od ní všechno skoupí.

Nápis vyrobili. ,,POMOZTE FOTBALOVÉMU DRUŽSTVU ŠKOLY V HILLSIDE S NÁKUPEM DRESŮ – BÁJEČNÁ ČOKOLÁDA ZA $1,00!"

Holčička zmizela na celou jednu hodinu. Otec na ni viděl z přední verandy a občas ji pohledem zkontroloval. Čokoládové tyčinky šly na dračku. Sláva!

Domů se vrátila s úsměvem. Triumfálním úsměvem. Prodala VŠECHNY čokolády – celou krabici. Moc se jí ulevilo. Otec na ni byl pyšný a měl radost i ze sebe. Vynikající týmová spolupráce. Oslavili to banánovým pohárem politým dvojitou dávkou čokolády.

Za několik dní přišel soused, který byl do toho obchodnického dobrodružství zasvěcený. Bylo pozdě večer, kdy děti už jsou v postýlkách. Otec se sousedem si sedli na verandu a při pivu se kochali podzimní oblohou. A soused řekl: ,,Něco ti musím ukázat. Je to moc milé, abych si to nechal pro sebe, ale slib mi, že to svojí holce neukážeš."

Z papírového sáčku na nákupy vytáhl přeložený kus lepenky. ,,Tohle jsem našel v popelnici."

Byla to cedule, kterou otec vyrobil pro svou dceru. Ještě pořád tam bylo napsáno ,,POMOZTE FOTBA-

LOVÉMU DRUŽSTVU ŠKOLY V HILLSIDE S NÁKUPEM DRESŮ – BÁJEČNÁ ČOKOLÁDA ZA $1,00". Ale pod těmi slovy bylo neumělou rukou jeho dcery připsáno:

„K tomuhle mě donutil táta."

KDYŽ JSEM UČIL FILOSOFII, první hodinu jsem vždycky přišel do třídy, když už studenti seděli, a oznámil jsem: ,,Teď si zahrajeme sedanou." A pak už stačilo jen dodat: ,,Rozestavte židle a připravte se ke hře."

Ani jeden student se nikdy nezeptal proč. Nikdy. A nikdo se nikdy nezeptal, jak se to hraje.

Všichni znali pravidla tak jistě, jako dovedli hrát na schovávanou.

Vždycky stejná odezva – studenti nadšeně rozestavěli židle do řady tak, že byly střídavě otočené opačným směrem. Pak kolem židlí udělali kruh. Hotovo, všichni jsou připraveni.

Já už pak jen v magnetofonu nastavil ,,Hvězdy a pruhy navěky" a studenti pochodovali kolem židlí. Aby nedošlo k mýlce – uvědomte si, že to byli starší gymnazisté. Nehráli tu hru od druhé třídy. Ale pamatovali si ještě, jak se to hraje, a bez váhání do toho vklouzli. Na židle. Paráda!

Dal jsem pár židlí stranou a vypnul jsem hudbu. O zbývající židle se strhla bláznivá šarvátka. Studenti bez židle zůstali stát jako solné sloupy. Věděli, jak to funguje – hudba ustane, tak honem židli; jaktože se jim nějakou židli nepodařilo urvat? Ve tváři se jim zračilo ,,Jak můžu bejt tak neschopnej?"

Smůla. Prohráli to. Jsou ze hry venku. Musí se postavit ke zdi. Je to jenom hra.

Hudba hraje dál, studenti pochodují, židle zase ubydou. STÁT!

Studenti se můžou pominout, jen aby nějakou židli popadli.

Jak hra pokračuje, boj o židle je stále vážnější. Pak drsnější.

Holky se přece kvůli židli nebudou rvát s klukama. Poražení ke zdi.

Zbývají dva poslední členové zápasnického družstva, kteří jsou ochotni se strkat, kopat, kousat, používat kolena – jen aby oni byli tím posledním, kdo na židli usedne. Je to regulérní válka. STÁT! A jeden z kluků vytrhne židli zpod svého protivníka a sám na ni těžce dosedne. Tváří se vítězoslavně – zvedá ruce a ukazováčky ukazují JEDNIČKA, JSEM JEDNIČKA.

Poslední student na poslední židli se vždycky choval, jako by jeho výkon i jeho samotného třída obdivovala. Získal tu ŽIDLI! „Vyhrál jsem!" Ale kdepak.

Poražení stojící u zdi ho považovali za blbečka.

Obdiv? To sotva. Spíš cítili pohrdání.

Tady nešlo o hru. Hry by měly být zábavné.

Tohle se moc rychle zvrhlo v cosi příliš vážného – asi tak jako studentský život, a vlastně celý život.

Chtějí si zahrát ještě jednou? Několik kluků by si zahrálo. Ale zbytek třídy už ne. Teď jim to došlo. Žádná sranda.

Ale já na tom trval. Zahrajeme si to ještě jednou. A v jednom bodě změníme pravidla. Na židle jako předtím, ale tentokrát – pokud na vás židle nevybyde – si sednete někomu na klín. Nikdo ze hry nevypadne – půjde jen o to, kam si kdo sedne.

A studenti si říkají „hmm… tak jo."

Židle už jsou opět rozestavěné. Studenti můžou začít. Spustí hudba a studenti pochodují. Židle jsou pryč. STÁT! Nastává kratičká pauza. Teď si to každý pořádně rozmýšlí: *(Chci mít židli sám pro sebe? Chci si někomu sednout na klín nebo chci, aby si někdo sedl na mě? A kdo?")* Celá třída sedí, ale nálada je teď jiná. Ozývá se smích a hihňání. A když hrajeme druhé kolo, vše se odehrává v jiném tempu. Kdo by pospíchal?

Když se počet židlí sníží tak, že na každou židli připadají dva, do hry vstupuje galantnost – je třeba si ujasnit, kdo bude nahoře a kdo dole. Protože se naskytla možnost sednout si na klín konkrétní osobě.

Hra pokračuje a na jednu židli připadá stále více lidí – nastává zvláštní gymnastika. Udržet každého vybalancovaného na kolenou vyžaduje kolektivní úsilí. Prosazují se studenti s organizačními vlohami – jde o to vyřešit lidskou hádanku – ,,Dospodu někoho velikýho – pořádně se ho chytněte – opřete se – tak, opatrně.“

Když už zůstala jediná židle, všichni se smějí a nadšeně povykují. Teď už vědí, že se dá váha rovnoměrně rozložit, a tak se jim to povede – všichni se naskládají na jedinou židli. Když se převrhli, tak skoro vždycky zase vstali a zkoušeli to znovu, dokud neseděli všichni. Vítězný okamžik pro všechny, včetně učitele.

Jediný, kdo měl s tímto posunem hodnot potíže, byl ten kluk, který vyhrál poprvé ještě za starých pravidel. Pro něj se všechno zhroutilo – nechápal, v čem teď spočívá vítězství.

A jako úplně poslední stadium jsem třídě řekl, že uspořádáme ještě jedno kolo. ,,Hudba bude hrát, vy budete chodit kolem a já vezmu i tu poslední židli. A až hudba přestane, tak si všichni sednete na klín.“

,,To přece nejde.“

Ale jde.

A tak zase pochodovali a zastavili se – a co teď?

,,Udělejte dokonalý kruh.

Teď udělejte vlevo v bok, jako byste chtěli chodit v kruhu.

Udělejte úkrok do středu, takže kruh bude sevřenější. A každý se břichem tiskne k osobě před sebou.

Chyťte osobu před sebou za boky.

Až napočítám do tří, opatrně si člověka před sebou posaďte na kolena a zároveň si opatrně sedejte na kolena kamaráda za vámi.

Připraveni. Jeden. Dva. Tři.

Sedněte si.“

A všichni seděli. A bez židle.

Hrál jsem tu hru s židlemi s mnoha skupinami různého věku a v různých prostředích, tady i v cizině. A vždycky je to stejné. Jde o to vyrovnat se s ubývajícími zdroji. Není to žádná dětinská hra. A také otázky, které při hře vyvstanou, jsou vždy stejné:

Je svět vždycky zařízený jenom na vítěze a poražené, nebo dokážeme udržet ve hře každého?

Je harmonická komunita lepší, než když má jedinou židli jeden člověk?

Máme k hledání lepších cest stále ještě to, co je zapotřebí?

HMATATELNÉ DŮKAZY tajného života jsou často na dosah ruky nebo – jako v případě pánských peněženek – na zadku. Když proti vám jde na ulici muž v džínsách, udělejte krok stranou, a až půjde kolem, tak se mu podívejte na zadek. Všimněte si, že v zadní kapse mu pod určitým úhlem poskakuje tlustý, čtverhranný žmolek. Permanentně ošoupané místo ukazuje na obvyklou polohu peněženky, ať už peněženka a její majitel teď právě v těch džínsách jsou nebo ne. Dokonce i pod sakem lze tušit ten hrbolek a ošoupané místo.

Na rozdíl od žen, které kabelky střídají, aby se jim hodily k botám nebo společenské příležitosti, mají muži obvykle jenom jednu peněženku, kterou nosí za všech okolností – ať jdou čistit septik nebo jsou pozvaní na svatbu. V důsledku toho je peněženka vlivem potu, tělesného tepla a času taková zkrabacená a bachratá, takže spíš než jako taštička na bankovky vypadá jako taková ta nalepovací bradavice. Za všech okolností a ve všech ročních obdobích patří na jediné místo na jediné hýždi. Zkusil jsem si do zadní kapsy kalhot dát peněženku svého kamaráda a měl jsem takový zvláštní pocit, jako by s mým světem něco nebylo v pořádku.

Význam peněženky vyplývá i z toho, jak se muž cítí, když ji ztratí. To je velmi krizová situace a daleko přesahuje hodnotu jednotlivých ztracených položek, nehledě k tomu, že většina z těch tak zvaně nejcennějších věcí, které se dají nahradit, vlastně vůbec nejcennější není. Z tohoto pohledu jsou peněženky univerzálním klíčem k sejfům tajných mužských životů.

Byl jsem požádán, abych vedl seminář pro vyšší úředníky federální vlády ve Washingtonu D. C. Konalo se to v důstojné mramorové atmosféře jedné z těch klasicistních vládních budov. Účastníci přišli s fasádou neméně důstojnou, než měla ona budova.

Pánové středního věku v tmavých oblecích a bílých košilích, s decentními, loajálními vázankami, tmavými ponožkami a nablýskanými polobotkami. Pokud měli nějaké vlasy, pak krátké a úhledně zastřižené. Ve všech směrech úctyhodní pánové. Dostavili se s důstojnými kufříky z jemné kůže. Jejich vystupování, pokud z něj nešel přímo strach, bylo rozhodně impozantní. Tito pánové tahají za nitky vlády Spojených států. Rozhodně nemají čas na nějakou povrchní zábavu. Vysílali ke mně jasné signály: Ať ten seminář za něco stojí.

„Mám jednoduchou prosbu, pánové: Vyndejte laskavě své peněženky a položte je na stolek před sebou."

A oni z prostoru na zadku začali vytahovat ty tlusté a staré kožené hamburgery – po mnoha letech používání neforemné a ošuntělé. Pánové se zasmáli. Jejich masky spadly.

„A teď, prosím, z peněženky všechno vyndejte a rozprostřete to na stolku před sebou."

Samotného mě překvapilo, jak ochotně mě poslechli. Popíchl jsem jejich zvědavost – oni nevěděli, co je uvnitř, o nic víc než já.

Objevily se obvyklé praktické věci – peníze, úvěrové karty, řidičské a různé členské průkazy. V mnoha případech už jejich platnost vypršela.

Skoro všechno ostatní byl takový zápisník. Vizitky z jednání, která se konala před měsíci a roky. Útržky papírků se seznamy věcí, které je třeba sehnat, zařídit nebo koupit, a se jmény opravářů a servisů. A různé záhadné informace – opakovaně se ozývalo mumlání: „To teda vůbec netuším, kde se tohle vzalo, co to znamená nebo proč to tady vůbec mám."

Většina pánů tam měla titěrné papírky s čísly, jaká by člověk v peněžence nosit neměl: kód pro kartu do bankovního automatu, kód pro vybírání na úvěrovou kartu, kombinace do sejfu, soukromá telefonní čísla, hesla pro počítač, kódy zamykacích skříněk a čísla sociálního pojištění. Všechna ta malinkatá čísla byla napsaná na minipapírcích, jako kdyby mikroskopické rozměry měly zmást případného nálezce ztracené nebo ukradené peněženky. Většina pánů si musela vyndat brýle, aby vůbec ty svoje hieroglyfy přečetli; jejich oči, stejně jako paměť, potřebovaly pomoci. A zase se ozývalo to mumlání: „Teda k čemu tohle může být?"

A samozřejmě že byl odhalen jistý kulturní mýtus – několik pánů skutečně mělo v peněžence kondom. Dosud v originálním balení, ale jako skoro na všem v peněžence už se na něm poznalo, že tam je hodně dlouho – možná od středoškolských let; a tak jako na gymnáziu se stal záminkou pro odvázané vtípky, jaké se nejčastěji ozývají v pánských šatnách.

Skoro všichni pánové tam měli fotografie. Otrhané, vybledlé fotografie. Nic z poslední doby. Obrázky jejich dětí a manželek zamlada. Chlapečkové a holčičky s úsměvem dávají na odiv svou zranitelnou nevinnost. Manželky se staromódními účesy. Rodinky: matka a otec kdysi mladí, dnes staří, po smrti nebo někde pryč. Psi. Kočky. A koza – snad rodinný mazlíček, i když pánové kolem tvrdili, že je to současná přítelkyně majitele té fotky.

Fotografie úplně proměnily atmosféru v sále. Pánové si je ukazovali – povídali o tom, kde jsou ti lidé dnes, a některé ty příběhy byly o radosti a úspěchu, z jiných čišel žal a zklamání. Ne jediných nedávných fotografiích byla vnoučata, což pochopitelně vyvolalo povídání o neuvěřitelném nadání a dědečkovské pýše.

Tou dobou už si pánové povolili – z vlastní vůle –vázanky a sundali si saka a ani mě tam při odkrývání svých soukromých životů nepotřebovali.

Ne každý byl ochoten prozradit všechno. Všiml jsem si, že některé předměty se pokradmu zadržují – fotografie současné milenky nebo snad státní tajemství? Kdo ví? Dokonce i banka tajného života má své sejfy.

Jeden pán – byl tam nejstarší a nejlépe oblečený, a jak jsem se dověděl později, za týden odcházel do důchodu – svou peněženku neotevřel ani se neuvolnil natolik, aby si dokázal sundat sako. Nevyřadil se ze společného hovoru, ale nijak k němu nepřispěl. Kolegové na něj doráželi, aby obsah peněženky také ukázal.

Pro začátek vyndal tři zbrusu nové kondomy. Pánové radostně vyskočili a zatleskali mu.

Muž zvednutím ruky požádal o ticho a řekl: ,,Člověk nikdy není moc starej, pánové – nikdy neztrácejte naději.“ A potlesk nebral konce.

Seminář se sunul k závěru a mě udivilo i pobavilo zároveň, že si všichni bez výjimek všechno zase pečlivě uložili do peněženek zpátky – všechno do posledního papírku. A pak nastal dlouhými léty naučený rituál – každý pán se malinko naklonil šikmo dopředu a uložil ten svůj talisman a zápisníček na vyhrazené místo. Vždyť nakonec ani nešlo o peněženky. Taková peněženka vlastně může zachránit život – a proto ji máme pro všechny případy pod zadkem.

KDYŽ VZPOMÍNÁM NA SCHŮZE a různá zasedání a čas strávený na všech možných poradách, vybavuju si člověka, který nad ,,schůzovním šílenstvím" triumfoval. Styl toho muže bych si někdy rád osvojil.

Jmenoval se David Dugan. I když vystudoval stavební inženýrství a ještě si jako koníčka přidal historii, rád se stavěl do role obyčejného prosťáčka. Vzorem mu byl Pepek námořník.

Na univerzitě byl po čtyři roky pravým útočným obráncem fotbalového mužstva. A po škole se živil jako podnikatel v těžkém stavebnictví a specializoval se na kanalizace a různé rozvody. Svůj život a podnik vedl jako fotbalový zápas – kolmo dopředu středem, s plným nasazením, žádné zastírací manévry.

Při konverzaci si žádné servítky nebral – rád používal adjektivum ,,zatracený". A když si na to člověk zvykl, už si ani neuvědomoval, že pořád mluví o ,,zatracený" ženě a ,,zatracenejch" dětech a ,,zatracenejch" kamarádech úplně stejně jako o ,,zatracený" vládě a ,,zatracenejch" Rusech. Trochu sice měnil odstín hlasu, ale jinak pro něj všechno bylo ,,zatracený".

Poznal jsem se s ním při pokeru. Hned se mi zalíbil. Příští neděli přišel do kostela a prohlásil, že ještě v životě neslyšel zatracenýho karbaníka kázat v kostele. A už tam zůstal a stal se z něj aktivní člen církve. Pod jeho slupkou jsme objevili laskavého a štědrého člověka. Jeho smích nás v napjatých okamžicích uvolňoval a jeho peníze nás nenechaly padnout, když jsme potřebovali pomoci. Dugan byl velkorysý člověk a rozhodně se v kostele nedržel stranou. Když jsme potřebovali odvézt nějaké krámy, přijel se čtyřtunovým popelářským autem. Na rozházení štěrku poslal malý buldozer a pro vánoční strom poslal náklaďák s nízkým trajlerem, co se používá na převoz těžkých stavebních strojů. Jen málo životních potíží se podle Dugana nedalo vyřešit za pomoci těžké techniky a s taktikou „tak pro to zajedem“.

Dugan mě jednou na podzim dostal na svou stavbu za příslib, že mě nechá jezdit s pásovým traktorem D8. Seděl jsem ve vlečňáku, kde měl zřízenou kancelář, a popíjel jsem kafe. A najednou jsem nevěřil vlastním očím – Dugan otevřel kufřík a v něm měl hromadu balíčků stodolarových bankovek a pistoli osmatřicítku. Jako výjev z filmu, při němž se bankovní lupiči chystají rozdělit kořist. Nic se nedělo. Vysvětlil mi, že se u něj pracuje často daleko od města a také že musí najímat hodně lidí jenom na krátkou dobu, a tak své zaměstnance vyplácí v hotovosti. Má povolení mít u sebe až půl milionu dolarů. A kvůli bezpečnosti má zbrojní pas na pistoli.

Jelikož býval často na dlouhou dobu pryč, odmítl Dugan místo ve správní radě. Ale když byl zrovna ve městě, stejně na zasedání chodil. Měl pocit, že by měl k životu kostela přispět trochu víc, a ne jenom sedět v lavici, a také se chtěl dozvědět, co se děje, přímo od zdroje, a ne z informačního bulletinu.

„Člen správní rady“ – to zní, jako by to byla velmi významná funkce, ale ve skutečnosti bývá práce rady záležitost dost prozaická. V roce, kdy Dugan chodil na schůze, pohltily veškerý čas a energii rady problémy jako zatékající střecha, parkoviště u kostela a snaha sehnat papírové ručníky a toaletní papír za velkoobchodní ceny. Dugan nikdy neřekl ani slovo. Jenom poslouchal a v obličeji se mu zračila mrzutost.

A jednoho lednového večera se rada zabývala ještě úžasnějším problémem. Na příjezdové cestě ke kostelu se udělaly díry. Záplatování nepomohlo, a tak to vypadalo, že to budeme muset celé znovu vyasfaltovat. Dost nákladná záležitost. Ale na výjezdu kousek od nedělní školy byla vozovka hlaďounká, takže tam každý jel moc rychle, což bylo nebezpečné kvůli dětem. Chtělo to udělat retardéry, které by řidiče donutily zpomalit, a také tam dát značky. Další výdaje.

Uplynuly tři hodiny a my zvážili snad všechny aspekty problému s povrchem silnice. Žádné řešení na dohled a zasedání se vleklo dál.

Na své židli mimo okruh členů rady zvedl Dugan ruku a přednesl návrh. ,,Nechte na příjezdu ty díry a u výjezdu je ještě udělejte. Nalejte do nich trochu asfaltu. Můžou pak sloužit úplně stejně, jako by sloužily ty hrboly." Dugan to klidně za pár hodin zvládne sám, jen když mu dáme lopatu a pár plechovek s asfaltem. Zadarmo.

Rada si problém převracela ze všech stran ještě asi hodinu – všichni se báli, že dostaneme pokutu a co že tomu řeknou sousedi.

Dugan nakonec podrážděně vstal, položil kufřík na stůl a rezolutně se zeptal: ,,Kolik tenhle zatracenej kostel vlastně stojí – všechno dohromady, budova i ten zatracenej pozemek, stačí mi to přibližně."

Nikdo nevěděl, co je v tom kufříku.

Náš pokladník odpověděl: ,,No tak asi tři sta tisíc dolarů."

,,Paráda," vykřikl Dugan. ,,Tak já ho koupím!"

Otevřel kufřík, pistoli položil na stranu a vyndaval balíčky stodolarovek, dokud nedošel k vyřčené částce.

Ticho – konsternované ticho.

,,Sepíšem smlouvu a bude to," pokračoval Dugan.

,,A co s tím kostelem budete dělat?" zeptal se někdo.

,,Zavolám sem svoje lidi a stroje a srovnáme toho mrzáka se zemí a do západu slunce ho odvezem na nějakou zatracenou skládku. A já tady z toho pak udělám hřbitov, na kterej vy všichni na těchhle schůzích živejch mrtvol míříte. A postavím tu zatracenej monument neznámýmu Bohovi."

,,A na co máte, pane Dugan, tu pistoli?" zeptal se jeden zvědavý člen rady.

,,Říkal jsem si, že vás tady všechny zbavím toho utrpení. Škoda, že se to nesmí."

Pak radu pořádně sjel za to, že se nezabývá důležitými věcmi, a on do kostela chodí kvůli náboženství a místo toho tu jsou samý podělaný stavební dělníci, jaký by si on nenajal ani na den, a kdyby se, nedej bože, snad rozhodli, že budou brát vážně úplně všechno, čím by se kostel v tomhle světě zabývat měl, v tom případě ať mu teda laskavě daj vědět.

Sbalil svoje peníze a pistoli a vyrazil ven. A ještě v hale křičel: ,,Ta zatracená nabídka pořád platí."

To, co Dugan řekl a udělal, mi bylo velmi povědomé.

Všichni, kteří ve světě dělají něco šlechetného, v podstatě stojí před stejným problémem, nebo ne? Chytat ryby nebo chystat návnadu? Snít nebo konat?

V církevních kruzích není Duganovo chování ničím novým. Prorok Jeremjáš to sice neřekl úplně stejně, ale jeho zatracený poselství stejné je. Pohromu na vás, mizerové! Držte krok nebo se kliďte! Berte to vážně nebo nepřekážejte!

Ne, my ty díry do silnice nevykopali. To by bylo moc jednoduché řešení.

Ale nejednou si členové rady mysleli, že udělali hroznou chybu – měli ten zatracenej kostel přece jenom prodat.

KDYŽ HOVOŘÍM PŘED UČITELI, vždycky jim povím nějakou „válečnou historku“ – příběh z doby, kdy jsem působil jako učitel. A když se mě učitelé zeptají, jaké mám pocity v současném povolání, tak říkám, že se někdy lituju – protože už jsem na cestě tak dlouho a ve veřejném akváriu jsem strávil tolik času a teď jsem unavený a mám depresi. Ale ta sebelítost nikdy netrvá dlouho, protože mi tichý hlásek kdesi v hlavě vždycky připomene: „Mohl bys být na učitelské poradě.“

Učitelské porady jsou černé díry, které celkem milým lidem odsávají inteligenci. Já je tak příšerně neměl rád, že jsem vždycky seděl až úplně vzadu na zemi a soustředil jsem se na spánek s otevřenýma očima. Někdy jsem přežil jedině tak, že jsem si představoval, jaké by to bylo, kdyby tam všichni přítomní seděli ve spodním prádle.

Jednou jsem na učitelské poradě skoro umřel. Měl jsem s sebou nůž, který jsem si chtěl ve školní dílně nabrousit, a dal jsem si ho do vnější kapsy aktovky; aktovka ležela vedle mě na podlaze a já spadl ze židle přímo na ni, protože jsem se hrozně smál něčemu absurdnímu. Nůž mi projel zadním svalem pravé paže až mezi žebra. Zranění nebylo tak vážné, jak to vypadá, ale já z toho šoku omdlel a zůstal jsem ležet na podlaze. Nikdo si mě nevšímal, dokud se na zemi nezačala dělat loužička krve.

Zavolali sanitku. Saniťáci mě odtáhli a v nemocnici mě zaštehovali.

A celá událost se dostala do školní mytologie. „Fulghum ty porady tak nenáviděl, že při jedný z nich chtěl spáchat sebevraždu.“

Předsedovi porady, mladému zástupci ředitele, chvíli trvalo, než si přestal myslet, že jsem to harakiri a pád jenom tak nahrál. Byl přesvědčený, že bych udělal cokoliv, jen abych se z té porady dostal pryč, a teď měl důkaz. Jeho podezření nestálo na vodě. Byla to pravda.

Také si vzpomněl, co se mnou prožil naposledy – šlo o lidoopa a nahou dámu. Ale to je celý jeden dlouhý příběh a pak ještě polovina – začíná někde na levém křídle a pak se sune po celém hřišti. Rád ho vyprávím, protože z pohledu jednotlivých účastníků jsou to vlastně příběhy úplně jiné. A také má filozofické rozměry. Všechno to začíná na svatbě.

Velká zahradní svatba počátkem léta. Kdyby se tam zastavila nějaká svatební inspektorka, nenašla by jedinou závadu. I když by možná nechápala, proč nevěsta, ženich i pastor po celý obřad potlačují smích. Důvodem bylo to, že ženich vyhrožoval, že se v ten rozhodující okamžik začne bít v prsa a místo „ano" zachrčí „úúa–úúa". Kdyby všichni svatebčané věděli to, co jsem věděl já, ani by jim to nepřišlo úplně nemístné. Protože při té svatbě si lidoop bral nahou dámu. Už teď vám chci říct, že to skončí happy endem.

Po dvacet let jsem na jedné soukromé škole učil celoroční kurs nazvaný „Grafika". Studenti kursu říkali „Umění pro zoufalce", protože byl určený lidem, kteří se domnívali, že nemají výtvarné nadání, ale mít by ho chtěli. Učivo sestávalo z takové směsice kreslení, dějin umění, filozofie umění, a jak se ukázalo i sexuální výchovy.

Na jaře třída grafiky šest týdnů malovala lidské tělo. Nahaté. Úplně nahé. Mužské i ženské. Studenti už z přednášek o dějinách umění a z návštěv muzeí věděli, že umělci lidské tělo za smysluplný objekt pokládají už po několik tisíciletí. Takže oni na cestě k umění mohou klidně udělat totéž. Otevřít dveře záhadě a spatřit ji za denního světla.

A kromě toho dospívající už se o lidské tělo stejně velmi zajímají. A zároveň se ho bojí a mají z něj nepříjemný pocit. Možná si na to vzpomínáte. Vaše tělo se vyvíjelo a vyvíjela se i těla všech kamarádů. A vy jste s tím nemohli nic dělat – prostě se vám to stalo. A tělo souvisí se sexem. Což je zřejmě téma, na které jste přinejmenším po deset let života mysleli vůbec nejvíc ze všeho.

Malovali jsme lidské tělo a byl to vlastně nácvik dospívání – šlo o to překonat předsudky, touhu a strach. Spatřit to, co je na lidském těle opravdu nádherné a fascinující – a podat o tom zprávu tužkou a barvami.

Navzdory tomu, co si možná mysleli rodiče a učitelé, nešlo o první odkrývání tajemství všech tajemství. Studenti rozhodně nebyli ani neznalí, ani nevinní. Všichni do jednoho už přinejmenším mnohokrát viděli časopisy *Playboy* a *Playgirl* a většina z nich už se také dívala na nepřístupné filmy a video. Všichni prošli hodinami biologie a sexuální výchovy. A pokud statistické průzkumy nelžou, pak už mnozí sexuální život zahájili a ostatní, kdyby mohli, by to udělali také.

Jde o dospívající mládež konce dvacátého století. Rozhodně je chyba podceňovat jejich znalosti. A stejná chyba nepožádat je, aby udělali ještě jeden krok a podívali se na lidské tělo čočkami umění.

Nebylo úplně jednoduché přesvědčit rodiče a vedení školy. Ale abych to v tomto bodě zkrátil, škola si rozhodně může připsat ke cti, že se s touto záležitostí naložilo poctivě a s rozmyslem a malování nahého lidského těla se pak stalo nedílnou součástí kursu grafiky a také života školy.

A po čase už tomu nikdo nevěnoval pozornost. Po několik let to probíhalo bez mimořádných událostí. Studentské práce byly vystavovány nebo si je autoři odnesli domů. V každém případě je publikum různými zvuky řádně kriticky zhodnotilo. Bez problémů.

(Teď na scénu přicházejí lidoop a nahá dáma.)

Stalo se to v pátek. Celý týden jsme lidské tělo malovali podle reprodukcí slavných děl. Nastal čas věnovat se skutečnému tělu. Naše modelka byla sama malířka a přišla k nám z nedaleké univerzity, kde stávala modelem. Byla mladá, krásná, pěkně tvarovaná a měla kaštanové vlasy. Rubens by z ní měl radost.

Podstatnou roli v následujícím sehraje zástupce ředitele školy. Pamatujete se na něj? – ten z té učitelské porady, kde došlo k příhodě z nožem. Vysoký, hezký, vážný, ambiciózní, inteligentní a chtivý úspěchu ve svém povolání. Přišel k nám na podzim z velmi konzervativní chlapecké školy v Los Angeles a vůbec poprvé měl sám na starosti celou školu, protože ředitel odjel na nějakou konferenci.

Ten člověk netušil, že přímo nad ním o tři patra výš je nahá žena. Vůbec by tomu nevěřil. V životě by ho ani nenapadlo, že je něco takového vůbec možné. A já mu o modelce neřekl, protože modelky v jarním semestru do života školy zapadly už několik let před jeho příchodem.

Představte si, jak sedí za svým stolem a hledí na dveře, které vedou do hlavního vestibulu školy. Jsou skoro tři odpoledne a školní den je u konce.

Ještě poslední informace, než to doopravdy začne: Modelka měla přítele. Ona i její chlapec občas chodili ke mně do kostela. Znal jsem je od vidění. Její přítel ji po skončení vyučování měl vyzvednout, a když už tam byl, myslel si, že si ze mě vystřelí. Půjčí si někde převlek lidoopa a unese modelku.

V ateliéru je ticho.
Modelka pózuje.
Studenti malují.
Z reproduktorů se ozývá Mozart.
Všechno je v nejlepším pořádku.

Odcházím na chvilku z místnosti, aby studenti mohli pracovat a já jim pořád nekoukal přes rameno. Také jsem chtěl ze skladu přinést pár věcí. Ve skladu slyším, jak se z ateliéru ozývá jásot; pak nastane ticho. Vracím se do ateliéru. Třída je pryč. Modelka taky. Žertík, říkám si – jenom se někde schovali. Nenechávám se vyvést z míry. Určitě se za chvíli vrátí.

Jenže já nevím, že ten kluk do třídy vtrhl ve svém opičím převleku, zabušil si do hrudi, zařval „ÚÚA, ÚÚA", popadl nahou dámu do náruče a vyrazil schodištěm dolů.

Třída si myslela, že jsem v tom převleku já.

Studenti zajásali, vyskočili a letěli po schodišti za opičákem. Tři patra do vestibulu a pak chodbou až ke dveřím na druhém konci, tedy, jak si jistě pamatujete, kolem otevřených dveří zástupce ředitele, který vyskočil ze židle a rychle klopýtal ke dveřím – a kolem proběhli lidoop s nahou dámou a studenti a zmizeli venkovními dveřmi. ÚÚA–ÚÚA!

Já jdu klidně po schodech dolů a hledám svou třídu.

Nevím, co se stalo. Vůbec nic. Přísahám.

A naproti mi přichází zástupce ředitele, který je tak zmatený, že až koktá. Myslí si, že jsem to na něj narafičil. Dále si myslí, že jsem v tom opičím převleku byl já. Ale to přece není možné – vždyť jsem tady. A tak na mě řve: „Sakra, Fulghume, co to má s tím OPIČÁKEM a NAHOU DÁMOU znamenat?“

Lidoop s nahou dámou mezitím naskočili do dodávky lidoopa a odjeli. Studenti se do ateliéru vrátili jiným schodištěm.

Zástupce ředitele mě vleče za ruku ke dveřím.

„Podívejte.“

Ale není tam vůbec nic kromě silnice, několika stromů a trávníku.

Po několika letech. Zástupce ředitele si ještě pořád myslí, že jsem na něj nachystal boudu. Studenti si ještě pořád myslí, že jsem v tom převleku byl já. A opičák si vzal tu nahou dámu za ženu a mají teď spolu pár malinkých opičátek. „Úúa–úúa.“

Je ten příběh pravdivý? Je to moje verze. Samozřejmě, že lidoop, nahá dáma a zástupce ředitele mají také svoje verze. Různé pravdy, jak je vnímají mnozí svědkové, jsou podstatou života.

Jako příklad mi dovolte k té absurdní příhodě přidat ještě jeden pohled. Obdržel jsem ho loni od jedné absolventky, studentky, která chodila právě do toho kursu grafiky.

Přiznala se, že ji děsilo být v jedné místnosti s nahou modelkou a lidmi obého pohlaví a co je ještě horší – děsilo ji, že ji to děsí. Celý den nejedla. Byla katolička, která se zmítala v pochybnostech, ale úplně vážně se modlila k Bohu, aby se v té třídě stal nějaký zázrak. Přišla do hodiny pozdě – právě když lidoop nahou dámu odnášel. Její modlitby byly vyslyšeny. Zázrak. Bůh jí nabídl prakticky neuvěřitelné řešení.

Napsala mi, že pak ještě dlouho chodila do kostela.

VELKÁ KŘIŽOVATKA, stát Colorado. Horké odpoledne uprostřed července. Titulek v místních novinách tvrdí: „VÝPADEK PROUDU NA VELKÉ KŘIŽOVATCE!“

Na pánských záchodcích terminálu místního letiště probíhá jiný problém s energetickou výměnou. Z kabinky se ozývá ostrý dětský hlásek: „Ne, ne, ne, ne, ne. Já nebudu. Nebudu.“

Následuje prosebný mužský hlas, zjevně ve velkém stresu: „Prosím tě. Udělej to pro tatínka,“ a dětský hlásek odpovídá: „Ne. Ne, ne, ne, ne, ne.“

Sedm pánů, kteří právě konají potřebu, se ke kabince úplně současně ohlédne s výrazem „co se to sakra děje“. V mezeře pode dveřmi jsou vidět dva páry nohou. Malinké nohy nemají ponožky a jsou v černých lakovaných sandálkách. Mnohem větší nohy jsou v naleštěných kovbojských botách. Potyčka pokračuje:

„Podívej, já vím, že potřebuješ. Chodíš každý den. Když teď nepůjdeš, tak se ti bude chtít, až budeš stát někde ve frontě, nebo až se připoutáme a budeme ve výšce deset a půl kilometru a ty si umažeš kalhotky a budem tě tam nahoře muset vypucovat a to přece nechceš a já to taky dělat nechci, tak proč to teď nezkusíš jako hodná holčička?“

„Ne. Tady to je klučičí záchod.“

„Já vím, jenže táta na holčičí nesmí.“

„Ne.“

„A co řeknou maminka s babičkou, až vystoupíme z letadla a ty budeš mít špinavý kalhotky a budeš brečet a já se budu zlobit? To nás neuviděj rády.“

„Ale uviděj.“

„Jestli teď hned nepůjdeš, tak nestihneme letadlo.“

„Mně je to jedno.“

„Mám ti naplácat?"
„Ne."
„Tak to, prosím tě, aspoň zkus."
„Ne."
„Když to dokážeš, tak ti koupím zmrzlinu."
„Ne."
„Koupím ti nějakej dárek – budeš si moct vybrat."
„Ne."
„Dám ti dolar."
„Ne."
„Tak to, prosím tě, zkus, udělej to pro tátu."
„Ne."

Hlubší hlas zdrsní. „Ty prostě půjdeš, a bude to. Tady si sedneš a budeš sedět, dokud nebudeš hotová."

Malé nožky zmizí a ozývají se zvuky doprovázející potyčku. „Neeeééé."

„Ty jedna… ty jedna… Hergot."

Dveře kabinky se rozletí.

Objeví se uplakaná pětiletá holčička, rty má odmítavě sevřené a vůli jako z kamene. Vážně projde kolem přihlížejících pánů a zamíří ven.

Otec vyjde hned za ní. Je to vysoký muž s černým stetsonem. Je rudý vzteky. Je mu trapně. Uvědomuje si porážku a ponížení.

Jinak s ním nikdo nemanipuluje. Nikdo mu neříká „Ne." Jenom tahle pětiletá holka. A také jeho dcera neudělala, co měla. A při letu nastanou potíže a v Denveru hádka. Vyrazí dveřmi za dcerou a neví o sobě vzteky.

Na improvizované radě moudrých, kteří to drama sledovali a teď je náhle obklopilo ticho pánských záchodků, zazní několik postřehů.

„Nechtěl bych bejt v jeho kůži."

„Měli bysme ho vzít k baru a koupit mu panáka."

„To jsou prostě ženský – a člověk neví, jestli je to horší s malejma nebo velkejma."

„To dítě se podělá nějakejch deset kilometrů nad zemí."

Pán, který si myje ruce, promluví s moudrostí Šalamouna.

„Být na jeho místě, tak jsem tý holce dal banánovej

pohár, sto dolarů, dárky co by unesla a obligace Spojených států, ještě než bych s ní do toho letadla vlezl.“

Později jsem viděl toho muže a dceru potichu sedět vedle sebe v odletové hale – byli tam sami. Letadlo jim uletělo.

Maminka s babičkou se nejspíš za břicho popadaly, když jim to tatínek po telefonu vysvětloval. Když jsem otce s dcerou viděl naposledy, měli moc naspěch – vraceli se na pánské záchodky. Možná že někde na Velké křižovatce je porucha v dodávce energie, ale tady rozhodně ne – peristaltické pohyby byly silnější než otec i dcera. Teď už jít *musela.*

Oba ta muka přežijí a po čase se z celé události stane rodinná legenda.

Podobné historky otcové o svých dcerách vyprávějí při generálkách na svatbu. Bývají legrační, zvláště když je otcové ještě tak rádi vyšperkovávají. V ten okamžik bude trapně jí. Ale otec zároveň zdůrazní, otcové to někdy tak dělávají, že je na to nezávisle uvažující dítě hrdý – vždycky byl – a ženich by si měl co nejrychleji uvědomit, že si bere silnou ženu, která si je už dávno vědoma svého místa ve světě.

I KDYŽ FORMÁLNÍ STUDIUM hudby se součástí mého vzdělání ani rodinného života nestalo, vždycky jsem si to přál – vždycky jsem toužil umět hovořit jazykem hudby a znát ty zvyky, které by mi poskytly pas do země za hranicí, která dělí hlediště a jeviště.

Moc jsem si přál umět hrát na nějaký hudební nástroj nebo dokonce dirigovat – nějakým způsobem se stát součástí orchestru a nebýt už navždy odsouzen k sezení v publiku!

V knížce *Všechno, co opravdu potřebuju znát, jsem se naučil v mateřské školce* jsem se zmínil o svém obdivu k symfonické hudbě. A zvláště k Beethovenově Deváté. Tajně jsem se opájel představami, že si jednou pronajmu koncertní síň, symfonický orchestr a ohromný sbor – a osobně oddiriguji to nádherné hudební dílo a zároveň odehraji part tympán.

Asi rok poté, co *Školka* vyšla, jsem nevěřil vlastním uším – telefonoval mi zástupce Minneapoliského komorního symfonického orchestru. Všimli si té fantazie v mé knížce. Nechtěl bych dirigovat alespoň závěrečnou větu Deváté? Moje přítomnost by jim zajistila žádoucí pozornost veřejnosti a mně by se splnil sen. Tak co?

Já si myslel, že vědí, do čeho jdou – jinak by mi přece nevolali.

Oni si mysleli, že já vím, do čeho jdu – jinak bych nemohl psát o Beethovenovi tak informovaně.

A myslel jsem si, že to, co jsem mnohokrát slyšel, je pravda: že orchestr vlastně dirigenta nepotřebuje. Že stačí udat první dobu a pak podle hudby máchat rukama až do konce a na závěr se uklonit.

O Beethovenovi a jeho Deváté symfonii jsem si přečetl veškerou dostupnou literaturu a také jsem Devátou několikrát slyšel živě. A také jsem ji mnohokrát dirigoval – když jsem byl v obýváku sám.

No samozřejmě. Pustíme se do toho.

Už jsem se v duchu viděl jako legendární Fuljumowski, a tak jsem nabídku přijal.

A tím jsem do pohybu uvedl sérii prapodivných událostí. Bude mi chvíli trvat, než vám to vylíčím, ale tak jako to platí u symfonie – pro celek jsou důležité všechny detaily.

Nešlo jen o *pár* věcí, které bych v souvislosti s tím, do čeho se to ženu, nevěděl. Tak především ten orchestr byl právě vzhůru nohama – ale právě taková období sebezničujícího chaosu umělecká tělesa většinou přežívají. Vedení vyhodilo zakládajícího dirigenta. Na protest odešli klíčoví hudebníci. Nového dirigenta ještě nenašli. Bez ohledu na tu katarzi a čistku úředníci samozřejmě museli plánovat následující koncertní sezónu. Oni se sice vyznali v propagaci, ale rozhodně toho věděli méně o mně a Beethovenově Deváté, než by bylo záhodno.

Když se objevil nový dirigent, program na sezónu už byl hotový. A když se o mně dirigent i orchestr dozvěděli, mírně je to vyděsilo. Dirigent za mnou přijel do Seatlu a shovívavě se mě zeptal:

„Jak dobře, pane Fulghume, vlastně umíte číst partituru?“

A já odpověděl: „Já noty vůbec neznám. Vadí to hodně?“

Následovala dlouhá odmlka.

Dirigent mi vysvětlil, že Devátá je tak obtížná, že by si na ni málokterý profesionální dirigent troufl bez mnoha let praxe.

Dále mi vysvětlil, že jenom v poslední větě je přinejmenším jednatřicet míst, kde se dirigent musí zarazit a citlivě změnit tempo.

Vysvětlil mi, že komorní orchestr normálně Devátou do svého repertoáru nezařazuje, protože má jenom dvacet šest hudebníků a na velké skladby si musí najímat další. Takže bude třeba dirigovat padesát hudebníků, k tomu stočlenný sbor a ještě čtyři sólisty. I když hudebníci byli všichni profesionálové, sotva někdo z nich i ze zpěváků kdy vystupoval s Devátou. A i kdyby to dokázali zahrát a zazpívat, udělat z nich soudržné těleso by byl ohromný výkon.

Vysvětlil mi, že když mi to s tím mácháním rukama tak báječně jde v obýváku, ve skutečnosti za hudbou zaostávám o půl vteřiny a klidně bych si mohl odskočit na záchod, vrátit se a orchestr by hrál dál. Při opravdovém koncertu musí mít dirigent v hlavě celou partituru. V opravdové koncertní síni musí dirigent myslet o několik vteřin dopředu a držet v hlavě vše, co se stalo, co se právě děje a co se stane během příští minuty – a to všechno najednou.

Vysvětloval všechno tak dlouho, až se ocitl ve slepé uličce.

„Když to shrnu, tak vy chcete... něco... tak... naprosto..."

Nenacházel slov.

„Jenže já to opravdu moc chci zkusit," žadonil jsem.

Další dlouhé ticho.

A pak řekl – budu citovat doslova –: „Tak to jsme teda v prdeli."

Vystihl to velmi přesně – konečně mi předložil hudební výraz, který jsem plně chápal.

Překvapilo ho, a mě také, že mne to neodradilo.

„Ale nešlo by to třeba – teda kdybych usilovně a dlouho pracoval a kdybych to strašně moc chtěl? Bylo by to *možné?*"

„Možná."

A tak jsme se dohodli. On se pokusí mě naučit základy dirigování. Ukázalo se, že tohle je trochu jednodušší, než jsem čekal, protože dramatičnost není zdaleka tak důležitá jako jasnost, jednoduchost a jednotnost výrazu.

Slíbil jsem, že udělám něco, co jsem neprováděl od střední školy – budu se to učit *nazpaměť*. Budu si to do hlavy vtloukat tak důkladně, že už to ze sebe nikdy nevymažu.

A partituru si musím převést do podoby, kterou budu schopen sledovat.

Věnujeme na to šest měsíců. Když to dokážu, dobře. Když ne, slíbil jsem, že mě týden před koncertem postihne závažná choroba a já se vůbec nedostavím.

Začal jsem na Deváté pracovat a připomněl jsem si vysokoškolské zásady. Hlavně tu, která tvrdí, že neexistuje intelektuální úkol, který by se nedal zvládnout mezi nedělním polednem a pondělní zkouškou v devět ráno – tedy pokud vás od zkoušky dělí právě tolik času. Člověk s hlavou dokáže zázraky – pokud se dost trápí, je dost vyděšený a zoufalý.

Nejenže se dá v nouzi přečíst *Vojna a mír*, ale dokonce vás může napadnout, že k tomu napíšete pokračování. Vzpomněl jsem si, co všechno jsem dokázal kvůli titulu bakalář umění, a hned nebyla Beethovenova Devátá tak děsivá. A mé sebevědomí také stouplo, když jsem se dozvěděl, že když Beethoven Devátou poprvé dirigoval při generálce, tak to zkazil – nezvládl to – Beethoven prostě vybouchl.

Naučit se Devátou byl ten nejtěžší a zároveň nejvíce vzrušující intelektuální úkol, jaký přede mne kdy život postavil. Pokusit se o něco takového bylo tak neskutečně absurdní, že jsem od toho prostě nemohl odejít. Jak zlé to vlastně může být? Přinejhorším to bude nádherný debakl, na který nikdo nikdy nezapomene. A přinejlepším to třeba dokážu.

Musel jsem – bylo to nepředstavitelně šílené, ale nebylo z toho cesty ven.

Týden před koncertem jsem se předvedl koncertnímu mistrovi – byl jsem nervózní, ale víc, než jsem uměl, jsem se už naučit nemohl. Pracovali jsme každý den. On přehrával partituru na klavíru, prosil mě, křičel na mě a předzpívával mi všechny změny tempa.

Nikdy to sice neřekl, ale já si dodnes myslím, že věděl, že to nedokážu, a navíc věděl, že já to vím také, ale pravdu mi chtěl vyjevit až při ostudě při první zkoušce.

Ten pán má doktorát z Yaleovy univerzity, je to džentlmen a učenec. Zároveň má zvrácený smysl pro humor, a tak ho podezírám, že nechtěl přijít o okamžik, který se sliboval stát jednou z nejsrandovnějších událostí v moderních dějinách symfonické hudby.

A teprve v tomto stadiu já se vlastně dověděl o náladě panující v orchestru. Rány po personálních změnách a po bitvě o vedení se ještě nezacelily. Jednání o smlouvách mezi odbory a vedením dosud nebyla u konce. A ještě ke všemu měla sezóna začít šíleným nápadem, že komorní orchestr zahraje část Deváté pod taktovkou umanutého amatérského cvoka.

Byla to pravda – oni žádného dirigenta nepotřebovali.

Potřebovali pastora.

A v tom já se vyznal.

Podíval jsem se na orchestr pohledem pastora a bylo mi to jasné – ti hudebníci totiž byli dost stejní jako lidé, které výborně znám.

Je snadné nechat se ošálit. Když sedíte v ohromné koncertní síni a ti krásní, slavnostně oblečení, talentovaní lidé se svými nablýskanými nástroji sebevědomě napochodují na pódium, máte pocit, jako by to byli bozi. Někdo mimo tento svět.

Ale když jdete na neveřejnou zkoušku, kde jsou jenom hudebníci, uvidíte nesourodou skupinu lidí ne nepodobných těm, které vídáte ve frontě v supermarketu. Přišli do práce, tam si odpracují svoje a zase půjdou domů. A protože moc pracují a jsou špatně placeni, rychle pochopíte, že ty krásné černé obleky jsou při pozornějším ohledání v zákulisí trochu jiné, než se jeví lidem v hledišti – spíš jako by je poskytl místní obchod s levnými oděvy.

Členové orchestru měli děti, ženy, muže, domovy, naděje, sny a všechno to ostatní. A všichni svůj život zasvětili nesnadné, uštvané dráze profesionálního hudebníka a museli něco slevit z běžného životního standardu. Přinesli určitou oběť, aby se mohli věnovat hudbě. Každý, kdo o jejich život projeví zájem, je vítán.

Dozvěděl jsem se, že ve vlastním orchestru probíhá několik rozvodů, matka jednoho člena umírala na rakovinu, pak tam byla rodina ve finančních nesnázích, drobné soupeření a žárlivost, problémy s alkoholem a také napětí vyplývající z pocitu „my versus oni" mezi domácími hudebníky a muzikanty najatými pouze na Devátou.

Orchestru scházelo sebevědomí. Nějak se z něj vytratila lidskost. A tak jakmile se objevil ten praštěný amatérský dirigent a prohlásil: „Učte mě, pomozte mi, dejte mi to nejlepší, co ve vás je, a já vám dám to nejlepší ze sebe," hned je deprese přešla a muzikanti se začali výborně bavit. Potřebovali úctu, a ode mne se jim jí tedy dostalo požehnaně.

První zkouška.

Postavil jsem se na pódium, zvedl jsem ruce a s šíleným sebevědomím a nadějí v srdci jsem udal první dobu. A oni hráli.

Ze stejných důvodů, proč někdy jde všechno do háje, někdy zase všechno funguje. Stalo se to i tentokrát. Nebylo to kdovíco – klopýtali jsme, trápili se, ale drželi jsme pohromadě a dovlekli se do konce. Vůbec jsem tomu nemohl uvěřit. Orchestr také ne. Dirigent byl úplně ohromený. A mně se chtělo sbalit saky paky a vydat se domů. Jednou mi to úplně stačilo, děkuju mnohokrát. Při představě dalších tří zkoušek a tří představení se mi dělalo mdlo.

Dirigent naopak ožil. Nejvíce ho zaujalo, že se zjevně nespoléhám na partituru – já se do ní vůbec nedíval. A přece jako bych očekával nástup každého jednotlivého nástroje. Jako bych v sobě měl zapnutý nějaký radar. Dirigent to nechápal.

„Ale to přece nic není," řekl jsem mu. „Když se na ně podíváte, tak oni když už mají přijít na řadu, tak si nástroj připraví do pohotovostní polohy a pak už na ně stačí jenom mávnout – TAK JEDEME – a oni spustí. Já myslel, že to víte."

Dirigent neustále kontroloval, co je v partituře, a tak si toho nikdy nevšiml.

Profesionálové nevědí všechno.

A tak se přiblížil první koncert. Světové divadlo v St. Paul v Minnesotě – vyprodáno. I když jsem se kdysi těšil, že budu mít bílého motýlka a dirigentské krovky, teď už jsem toho dost pochopil, abych si uvědomil, že už by pak celý vtip překročil únosnou mez. Mít v ruce taktovku bylo jako třímat měsíční horninu – prostý předmět ztělesňující neuvěřitelně složitý lidský um. Konečně jsem pochopil, jak pravdivé je rčení, že jen deset procent dirigování je dirigování.

A tak jsem ve svém normálním tmavém obleku moc jako dirigent nevypadal. A nepřišel jsem ze zákulisí, ale z místa ve druhé řadě. Vysvětlil jsem posluchačům, že jsem jejich zástupce a reprezentuji kohokoliv z nich, kdo vždy toužil dirigovat. Omluvil jsem se, že nebudu mít taktovku. Vždycky, když jsem ji při zkoušce použil, mi zalétla do sboru.

Otočil jsem se, vystoupil jsem na pódium, nabral do sebe tolik vzduchu, že jsem riskoval překysličení, a udal jsem tempo. Jakž takž jsme odstartovali. Měl jsem pocit, jaký musí mít surfař, když klouže uvnitř mohutné, převracející se vlny.

Mým problémem bylo, že kdykoliv jsme se blížili k místu, kde je změna tempa, pocítil jsem stoupající hladinu adrenalinu a začal jsem rukama mávat tak rychle, že jsem se dostal asi o deset dob napřed. Jednou jsme měli přejít z pomalého tempa předepsaných dvaašedesát k zrychlenému třídobému taktu a já to šlehal rychlostí asi devadesát dob za minutu, což je pro smyčce hranice hratelnosti. Kouřilo se z nás. A vpřed jsme se posunovali jako splašený vlak. Později jsem orchestru sdělil, že to byl velmi silný okamžik.

Skoro *nábožný*.

Protože mi hlavou běží ACHPANEBOŽE, ACHPANEBOŽE a podívám se na první violoncellistku, jak se do svého nástroje zuřivě opírá, a ona se zase podívá na prvního houslistu, který se taky ze smyčce snaží dostat, co to dá, a ona k němu mlčky vysílá „achpanebože".

Druhý den jeden z kritiků napsal, že měl ten koncert „říz".

Odehráli jsme Devátou v rekordním čase.

Když se na to podívám střízlivě, tak ten koncert nebyl dobrý – prostě nebyl správně zahraný. Ale já, cvičený tuleň ze Seattlu, jsem na nose balancoval s Beethovenovým míčkem a přitom jsem rukama máchal podle hudby. Mohlo to vypadat jakkoliv, ale lidé nakonec viděli to, na co se podívat přišli – maestra Fuljumowského na pódiu. A každý v publiku odcházel s pocitem, že by alespoň tak dobře dokázal dirigovat také.

O závěrečném večeru série sestávající ze tří koncertů jsem byl v bryndě. Měl jsem dojem, že už to nedokážu. Byl jsem vyčerpaný, vygumovaný a až příliš uspokojený sám sebou. A také jsem pochyboval o smyslu toho všeho. Jen tak se tím proškobrtat znamenalo urážet tu nádhernou hudbu a nadání hudebníků. Nikdo mi to nemusel vykládat. Věděl jsem to sám. Vzpomněl jsem si, že většina hudebníků Devátou nikdy nehrála. Třeba právě tohle byla jejich jediná šance. A kvůli mně spáchají jenom takový polotovar. Nikdy se nedozví, jaké to je zahrát Devátou na vrcholu možností. Teprve teď – když jsem doopravdy pochopil, co vlastně vyvádím – mi došlo, že to prostě takhle dělat nejde. V mansardě tajného života se do mě pouštěl můj výbor. Kdo si vůbec myslím, že jsem?

A šlo ještě o něco víc. My jsme se tady ve Světovém divadle chystali předvést Beethovena, a přitom se na světovém jevišti v poslední době odehrálo tolik dramatických událostí, které přímo volaly po tom, aby Devátá zazněla. Padla berlínská zeď. Mandela vyšel z vězení. V Číně se objevily zárodky demokracie. Chystali jsme se předvést hudbu spojovanou s triumfálními událostmi – Ódu na radost –, hudbu, která se hraje, když padají bariéry, přichází svoboda a lidstvo se aspoň na okamžik dotýká nekonečna. Je to hudba vzešlá z toho, že se Beethoven vzepřel svému osudu – hluchotě a stáří.

Nechápal jsem, jak vůbec můžu zopakovat tu svou egoistickou krasojízdu a ještě jednou Devátou odmávat. Jenže jsme to napsali na plakáty a lidé koupili lístky, aby si to poslechli. Až do rozhodujícího okamžiku jsem nevěděl, co mám udělat. Jak vůbec můžu? A jak to můžu neudělat?

Koncertní síň byla nabitá. Večer na černé vázanky. Hudebníci a sbor naposledy kvůli tomu absurdnímu záměru napochodovali na pódium. Světla v sále pohasla. Já pomalu po schůdcích vystoupal na jeviště, pomalu zaujal místo na dirigentském stupínku a pomalu se otočil k orchestru, abych si vyžádal pozornost hudebníků a my mohli začít. A zarazil jsem se.

Ne. Já to nedokážu.

V napjatém tichu jsem se obrátil k publiku a pověděl jim o bitvě, která v mé hlavě probíhala. Mluvil jsem o Beethovenově nesmírném souhlasném výkřiku, jenž je v té hudbě obsažen, a také o žalostném tichu, ze kterého ta hudba vytryskla.

Pověděl jsem jim o Fulghumovi, praštěném amatérském dirigentovi, kterému teprve teď došlo, do čeho se to vlastně pustil. Pověděl jsem jim o lidech z masa a kostí, kteří v tom orchestru hrají. Hovořil jsem o lidských vítězstvích naší doby, která korespondují s duchem té hudby.

„A já nemohu zneuctít Beethovena, jeho hudbu a poselství Deváté," oznámil jsem jim nakonec.

A požádal jsem opravdového dirigenta, aby to všechno napravil.

A požádal jsem hudebníky, aby tomu ze sebe dali úplně všechno.

Pak jsem se zase obrátil k publiku a oni na mou nevyslovenou výzvu k souznění odpověděli tak, že úplně spontánně povstali a hodlali se stát součástí hudby, jak to jen půjde. Sál ovládlo jedno velké ANO.

Dirigent pozvedl taktovku a Beethoven nás odnesl někam daleko.

A já? A kde že byl bývalý dirigent, když se začala hudba linout?

Nikdy jsem v Deváté nezpíval ve sboru, a tak jsem myslel, že se tam k nim dozadu prostě půjdu postavit. Je pravda, že neumím německy o nic lépe, než znám noty. A co má být? Když jsem to dokázal dirigovat, tak jak může tohle být těžké?

A zpíval jsem.

Byl to ten nejpovedenější ze všech tří večerů. Konečně se vše propojilo. Sbor a sólisté vytvořili neskutečný zvuk. Na chvíli jsme všichni v sále uvěřili ve schopnost lidského ducha přemoci zlo. Beethoven obživl. A my žili. V ten okamžik se nedalo říci ani vykonat nic většího. A nakonec – když už se ta nádherná hudba dořítila ze svahu srdce jako lavina – se lidi mohli ukřičet, tleskali, objímali se, házeli květiny a plakali. Nádherný večer, nádherný svět, nádherný život! ANO!

BEZPOČTUKRÁT JSEM V ŽIVOTĚ někomu byl špatným příkladem.

Alespoň jednou jsem na to byl hrdý.

Několik let jsem obden běhával skoro stejnou trasu. Dnes už toho moc nenaběhám. V mém věku běhání obvykle vede ke zranění kolena, kotníku, kyčlí nebo zad – vesměs chronické záležitosti, které by mi mohly vadit při tancování.

Tancování má přednost.

Naštěstí bydlím na úpatí vysokého kopce. Takže teď na ten kopec vyjdu, trochu si zaklušu, obejdu svou trasu a pak několikrát sejdu a zase vyjdu po takových dlouhých schodech, aby mi tak hodinu pořádně proudila krev.

Kdysi bylo mým cílem stihnout ten třímílový okruh v co nejkratším čase. Míval jsem s sebou stopky. Zaměřil jsem se na to, abych každý úsek stihl vždycky o něco rychleji než o den dříve. Šlo o to, dostat se co nejrychleji do formy. Úspěšné ráno odměřovaly čas a vzdálenost. Prostě to dokázat a dokázat – a každý den o něco lépe a lépe.

Změnu přinesla neznámá žena.

Její program se zřejmě časově shodoval s mým. Obvykle bývala někde na mé trase ve stejnou dobu. Vždycky jsme na sebe kývli. Já pospíchal, ona ne.

Štíhlá šedovlasá žena, asi mého věku. Měla na sobě pohodlné věci a super sportovní obuv. Všiml jsem si jí ze dvou důvodů – nosila s sebou igelitku a její trasa byla dost nepravidelná. Nechápal jsem proč.

Když jsem přestal běhat a začal chodit, měl jsem čas si jí lépe všimnout. Viděl jsem ji pokaždé jinde, a tak jsem si za pár týdnů mohl její trasu v duchu vyznačit. Chodila dost rychle, ale vždycky jí zbyl čas, aby se zastavila a sebrala nějaké smetí do své igelitky. Nepřeháněla to ani nescházela ze své trasy – držela se své vyšlapané cestičky –, prostě jenom čistila svět tam, kde kladla nohy.

Její cesta se klikatila – přes jeden blok vedla do kopce, pak jeden blok po rovině a zase do kopce. Na vršku si v parku na chvíli sedla na lavičku a obdivovala jitřní oblohu a hory na východě.

Pak obešla hřbitov, prošla kolem velké sekvoje a četla si jména na náhrobcích.

Pak na dětské hřiště, vylezla po žebříku a sjela po skluzavce, načež se pohoupala na prolézačce.

Zamířila do řídkého lesíku vzrostlých jedlí, po schodech vylezla na vršek vodojemu; na jezírku se podívala na lekníny a pak šla takovou uličkou, kde přes plot nakukovala do skleníku. Zpátky do parku, kde si na rozlehlém trávníku na chvíli lehla na záda.

Dolů k episkopální katedrále – nakoukla dovnitř a hned zase byla venku.

Jedním vchodem do umělecké školy hned vedle, prošla chodbou a druhým vchodem na konci budovy zase ven.

Dolů po trojích dlouhých schodech, pod dálnicí a do místního pekařství na skořicový rohlík a šálek kávy.

Jednoho rána jsem si k ní v pekařství přisedl a představil jsem se. Vysvětlil jsem jí, že zřejmě máme stejnou trasu, i když jsem si všiml, že ona dělá pár nečekaných odboček.

Ta paní mě znala a také si mě všimla – ,,ten pán, co pořád pospíchá". Překvapilo mě, že jsem na ni měl vliv – ona v mém ranním spěchu spatřila svůj vlastní způsob života, který se jí vůbec nezamlouval.

A rozhodla se, že nebude jako já.

Ta paní je rodinná lékařka.

Po mnoho let ve spěchu odcházela z domova a při vizitách v nemocnici pacientům doporučovala různé zdraví prospěšné věci, které sama nedodržovala.

Začala si všímat smrti a uvědomila si, jak rychle se ona blíží své vlastní.

,,Víte, spěch nedokáže vylepšit ani kvalitu, ani kvantitu života," poradila mi. Také jsem o tom někde slyšel.

A tak se rozhodla, že bude pečovat nejen o své tělesné zdraví, ale také o pohodu mysli a duše. ,,Nějak jsem se sebou začala ztrácet kontakt," prohlásila.

Nebyla věřící a nezajímaly ji všechny ty sekty, módní vlny a ismy, a tak si řekla, že ke změně ranního programu postačí selský rozum. Žádné revoluční změny – nic mimořádného – stačí myslet, a jednat podle toho.

A aby k péči o sebe přidala i něco užitečného, začala na své trase sbírat odpadky – nešlo jí o to, uklidit celou čtvrť, kdepak, stačilo trochu po svém přispět.

A aby se naučila vnímat vždy něco nového, každé ráno pozměnila svou trasu aspoň o jeden blok – bylo to takové malé dobrodružství: pryč od racionálnosti, raději trochu zvědavosti. Tak objevila ten skleník, hřbitov, několik vysokých stromů, zahrádku, kde rostly jenom jedlé věci, a dětské hřiště.

Nějak mi nedokázala vysvětlit tu zastávku v episkopální katedrále. Nebyla nábožensky založená, ale zastavit se v osamění v těch ohromných prostorách, které jsou určené k potvrzování spřízněnosti s věčností, pro ni bylo důležité.

V umělecké škole hned vedle vždycky byly ve vestibulu vystavené práce studentů a ona chtěla být nablízku důkazům, že boj o tvůrčí sebevyjádření neustává, takže tamtudy vždycky šla pomalu.

Nejvíce ji udivilo, jak jsou všechny ty věci, které tak dlouho míjela, protože spěchala a soustřeďovala se na co nejúčinnější cvičení, vlastně na dosah ruky.

„Já svoje ranní dobrodružství považuju za takové shánění ranních zpráv," vysvětlila mi. „Víte, oni nám v rádiu a v novinách všechno neřeknou.

A nezapomeňte, jak jste se o to zasloužil vy – začala jsem to dělat proto, že jsem nechtěla být jako vy."

Sloužíme svým bližním ve velmi nečekaných souvislostech.

I jako špatný příklad.

JEDEN Z NEJMOUDŘEJŠÍCH LIDÍ, jaké znám, se jmenuje Alexander Papaderos a je ředitelem Pravoslavné krétské akademie. Smůlu mám v tom, že on bydlí deset časových pásem a tisíce mil daleko od Seattlu. A i když jsme spolu, rozdělují nás drobnosti vyplývající z toho, že každý mluvíme jinou řečí. Jeho angličtina je daleko lepší než moje řečtina, ale oba nás velmi omezuje to, že máme úplně jiné kulturní kořeny. Na většinu běžných věcí nám angličtina bohatě stačí, ale když se dostaneme k věcem vyžadujícím hlubší pochopení, musíme být moc opatrní, abychom si nemysleli, že spolu komunikujeme, a nebyla to pravda.

Strávili jsme spolu novoroční svátky roku 1993. Přestože letní výlet do Řecka je něco romantického, v zimě je Kréta velmi studené, větrné a deštivé místo. Nejlepší je sedět u krbu, v němž praská olivové dřevo, popíjet raki a retsinu, jíst vepřový párek s čerstvým chlebem namáčeným do čerstvě vylisovaného olivového oleje a dlouho do noci hovořit o závažných záležitostech.

Jeden večer jsme mluvili o manželství.

Na Krétě ještě přežívá zvyk dohodnutých sňatků. A i když u počátků manželství dnes už třeba nestojí rodina, k rodinné moudrosti se přihlíží tak, že by to Američané považovali za anachronismus.

Kréťané se domnívají, že romantická láska, pokud k ní dojde, je věc velmi příjemná, ale za kdovíjaký základ pro manželství ji nepovažují.

Papaderos v anglických knížkách narážel na spojení „making love", tedy milovat se, doslova „dělat lásku". Nechápal to. „Co znamená dělat lásku?"

Vysvětlil jsem mu, že to je běžný eufemismus pro sex – jako vyspat se s někým, jít s někým do postele – a nezáleží na tom, jestli jde o manželství nebo ne.

A on mi řekl, že pro Kréťany je slovní spojení ,,dělat lásku" něco velmi důležitého – je to celý proces, jakým prochází manželství a rodina. Když se rodiny dohodnou, že jejich syn a dcera se k sobě budou hodit, jaksi se očekává, že po nějakou dobu budou ten muž a žena pracovat na tom, aby se jako partneři sladili, asi tak jako se člověk připravuje na povolání. Právě tohle znamená ,,dělat lásku".

Čas a zkušenosti, omyly a obtíže – to vše je součástí rovnice, jejímž výsledkem je trvalý vztah. Do lásky se jenom tak nespadne. Láska a manželství se prostě ,,dělají".

A tak když se manželé někde hádají nebo perou, Kréťané se chápavě usmějí a řeknou: ,,Aha, oni dělají lásku."

Během té stejné cesty vzal Papaderos mě a mou ženu na Nový rok do řecké rodiny. Je mi trapné to přiznat, ale já jsem bačkorový fotbalový fanoušek a tento Nový rok to bylo, pokud si vzpomínám, vůbec poprvé, kdy jsem nemohl celý den sledovat zástupce amerických univerzit, jak řeší to obrovské lidské dilema, kdo že je nejlepší. A také jsem přišel o kvalifikaci profesionálních fotbalových mužstev na Super Bowl. Byl jsem trochu nesvůj.

Když jsem byl kluk a mladý muž, neustále mě ovlivňoval Vince Lombardi, trenér legendárního fotbalového mužstva Green Bay Packers. Lombardi pořád vyhrával. Vyhrával poctivě, přímo, podle pravidel. Vítězové vždycky víc dřou a jsou chytřejší. Vítězové nikdy nejsou blbci – když je někdo sundá, hned zase vstanou. Vítězové se nevzdávají ani za nepříznivých okolností, nepodléhají zraněním a bolesti. Vítězové hrají i se zraněním.

Tohle mi proběhlo hlavou, když jsem se potýkal s nezvyklými tradicemi krétského novoročního oběda. Převládaly staré horalské zvyky. Místo celého angloamerického pečeného prasete, které má v hubě jablko, oslavují Kréťané příchod nového roku vařenými skopovými hlavami. Je to tak.

Hlava se stáhne z kůže, povaří se a podává se i s očima. Rozsekne se a mozek se vybírá lžící. Jazyk se nakrájí a jí se jako paštika. Na těchto lahůdkách si pochutnávají prarodiče a ostatní starší členové rodiny, ale mladší generace Řeků už moc ne.

Díval jsem se, jak jí babička.

Osmaosmdesát. Na jedno oko slepá, na jedno ucho hluchá a scvrklá působením času a těžkého života. Přidala si vždycky, když kolem putovala mísa. Jedla opatrně, soustředěně a s neskrývaným potěšením.

Vím, že přežila nelehký život v horách, dvě světové války, řeckou občanskou válku a represe za diktatury plukovníků v sedmdesátých letech. Manžela jí odvedli do armády. Skoro sedm let o něm neslyšela. Její vesnici srovnali Němci se zemí a ji samotnou zavřeli a bili. Dva roky bydlela po jeskyních, a aby neumřela hlady, musela jíst kořínky a králíky. Neměla domov, práci, peníze, lékařskou péči a pojištění, důchod ani sociální zabezpečení. Žila bez elektřiny, tekoucí vody a někdy dokonce bez ohně.

Ke konci hostiny vyzvala ,,děti" na druhém konci stolu k pěveckému klání. ,,Děti" byli muži a ženy středního věku – její snachy a zeťové, bratranci, sestřenice a příbuzní z manželovy strany. Babička a její stejně stařecký manžel začali naříkavou, hluboko posazenou melodii krétských horalů. Funguje to takhle: vyzývatel zazpívá čtyři verše, pak všichni přidají známý refrén, načež si někdo od soupeřů vymyslí čtyři verše, které navazují na verše vyzývatele, pak zase refrén a tak dále. Je to taková soutěž ,,a kdo víc" v písňové podobě. Je to rychlé a improvizované a konec nastane, když strana, která je na řadě, nedokáže nic zazpívat nebo vypadne z taktu. Není to nic jednoduchého.

Ta stará paní své protivníky prostě uzpívala. Byli vyčerpaní a doslova se nezmohli na slovo. V poslední sloce babička vyjádřila naději, že nadcházející rok bude ještě lepší než ten minulý, a kdo ví – jestli ostatní měli tak báječný život jako ona, tak by s ní mohli v pěveckém utkání držet krok, i když ona o tom pochybuje. Oni o tom pochybovali také. Stejně jako já.

Zapomeňme na míčové hry. Letos jsem na Nový rok viděl skutečného vítěze.

Kdyby měl Lombardi zadáka s jejími schopnostmi, tak by Green Bay Packers vyhrávali ještě dneska. Ta paní byla prostě šampión. Zvítězila v celoživotním utkání. A bez reptání hrála to, co měla – navzdory ranám a zármutku.

A hrála se zraněním – každý den po celý život.

Fotbal je jenom hra.

Když bylo po obědě, babička se odebrala do kuchyně a trvala na tom, že pomůže s nádobím. Přišla ke kuchyňským dveřím s taškou odpadků a zahulákala na člověka, který už byl šedesát let jejím manželem. Ten ze své židle patřičně reptal, jak se od něj čekalo. Babička ještě chvíli povykovala a on jí trochu odmlouval.

„Co se děje?" zeptal jsem se Papaderose.

„Vypadá to, že její manžel nedojedl salát a zpíval falešně," vysvětloval Papaderos. „Pořád ještě dělají lásku – trvá to věčně."

ZNÁM ČLOVĚKA, který se neustále zmítá v existenciální úzkosti. Je posedlý zprávami v televizi. Tato verze zpráv o světě ho přesvědčuje, že se přiblížil konec světa.

Ale právě teď neví, co si má myslet. V poslední době se vynořila celkem dobrá zpráva. A on věřil, že událost nazvaná „harmonická konvergence" ukončí život, který všichni známe. Před pěti lety, 16. srpna 1987, měl hmotný svět sám sebe přivést k záhubě. Ta předpověď vycházela z cyklů mayského kalendáře, z postavení devíti planet sluneční soustavy, z proroctví Aztéků a Indiánů kmene Hopi a Čerokí a z vidění několika významných současných guruů. Uvěřilo tomu několik set tisíc lidí – ve významných duchovních centrech na západě Spojených států se konala obrovská shromáždění.

Mottem té kosmické události bylo: „Až dopadne světlo, nastane pořádná tma." Já to tak úplně nechápu, ale mnoho lidí zřejmě ano.

Harmonická konvergence měla odstartovat pětileté období samých katastrof a zánik průmyslové civilizace. Do dneška už se všechno to nejhorší mělo přihodit. Ten můj známý se na to vlastně těšil.

A teď neví. Je zklamaný. Konec nenastal. Neví, kterým směrem se vydat ani co dělat. Nepočítal s tím, že by se věci mohly začít lepšit.

Ale předpokládejme – jen tak předpokládejme –, že on je doopravdy naladěný na „harmonickou konvergenci" a konec světa – on i všichni čekatelé na soudný den.

Když si něco takového uvědomím, myslím na Lotovu ženu.

Vzpomínáte? Bible. Genesis, devatenáctá kapitola.

Jehova se rozhodl zničit města Sodomu a Gomoru pro jejich zkaženost. Konec světa pro obyvatele těch měst.

Ale ušetřil životy muže jménem Lot, jeho ženy a dvou dcer. Byli to poctiví lidé. A Jehova jim řekl, aby si život zachránili útěkem do hor a především aby se *neohlíželi*.

Jenže na útěku se Lotova žena zastavila a stejně se ohlédla.

Nevíme, jak se jmenovala. Víme jen, co udělala. Ohlédla se.

A Jehova ji potrestal tím, že z ní udělal solný sloup.

Tedy já ten příběh znám už od dětství, ale nerozuměl jsem mu tehdy a nerozumím mu ani teď a neznám nikoho, kdo by mu rozuměl. Vlastně bych spíš měl říct, že nerozumím té části, kde ji Jehova promění v solný sloup za to, že se ohlédla. Zato rozumím tomu jejímu ohlédnutí. Já bych se ohlédl taky.

Řekl bych, že by se ohlédlo hodně lidí – aby se podívali, odkud jdou, a to ze stejných důvodů: ze zvědavosti, nostalgie a soucitu. A především z lítosti. Je to moc smutné, že lidské selhání řešil Jehova nemilosrdným ničením. Upřímně řečeno – božstvo se tenkrát v moc hezkém světle neukázalo a moc pěkným příkladem nám nebylo.

Ale je na tom něco pravdy.

Věda smysl toho příběhu potvrzuje. Je naprosto jisté, že jednoho dne se tato planeta zřítí do slunce a víc už nebude. Bude po všem, co jsme kdy udělali, děláme a ještě uděláme. Konec. Kaput.

Totéž platí na nás coby jednotlivce – jednoho dne nebudeme.

Ale my málokdy utíkáme před nevyhnutelným. To se spíš z vlastní vůle ohlížíme a ze zvědavosti a kvůli spojení se vším živým, dobrým i špatným, čelíme realitě.

Nevím, jak se jmenovala, ale Lotova žena mi je blízká.

A rčení „vy jste sůl země“ je kompliment.

NĚKOLIK LET SE ŽENOU ŽIJEME na hausbótu, což může někomu připadat romantické a bohémské. Zblízka to je realističtější – jako bychom bydleli v plovoucí (či potápějící se) chatrči.

Ten dvorek pro vodní přívěsy vytváří soudržnou komunitu. Naše životy se překrývají. Žijeme tu jako na vesnici. A doslova jsme vzájemně propojeni v tom smyslu, že máme společný a velmi křehký vodovod a rozvod elektřiny a stejně neskutečný systém kanalizace a také jsme připoutáni ke stejnému pochybnému přístavišti. Smetí vynášíme do stejného kontejneru na začátku mola. Velice rychle se nás dotkne, když v přísunu nebo odsunu něco neklape. Takové případy způsobují bujará požárnická cvičení uprostřed noci, při nichž všichni pobíhají, křičí a všude se pletou. Ta blízkost také znamená, že slyšíme a vidíme hodně z toho, co se v našich domovech a rodinách odehrává.

Proč by vlastně měl někdo chtít takhle bydlet? My to někdy taky nechápeme. Přiznávám, že je k tomu třeba mít nekonvenční požadavky na bydlení. A člověk se k něčemu takovému nedostane náhodou. Je to velmi záměrné rozhodnutí a záměrný životní styl.

Ale stejně to má určité výhody. Pomoc i společnost jsou vždy po ruce. U sousedů vždycky mají mléko, pivo, víno a chleba, které jste třeba zapomněli v obchodě – a ani nemusí být nikdo doma. Po ruce jsou i nářadí, různé součástky a také rada. A v srpnu máte pocit jako na letním táboře pro dospělé – a přitom jste doma.

Život plovoucí vesnice se mi velmi zamlouvá. Rád žiju poblíž svých sousedů. Svůj život porovnávám s jejich. Učím se od nich a dary, které nevědomky rozdávají, mě obohacují.

Tak třeba ten sluneční čaj.

Paní od vedle je zdravotní sestra – špičková zdravotní

sestra. Její specializací je onkologie – pracuje s pacienty, kteří mají rakovinu. Ví toho hodně o smrti a umírání. A žije velmi intenzívně. Pracuje na částečný úvazek, přitom chodí do školy a na malém prostoru hausbótu se stará o dvě malé děti a manžela. V přístavišti pečuje o květinovou zahradu v krabicích a květináčích a na pevnině má pořádnou zahradu se zeleninou. Pozorovat její hektický život je někdy dost vyčerpávající. Když má zařazenou nejvyšší rychlost, radši se ani nedívám.

Ale navzdory zaneprázdnění dělá v létě sluneční čaj.

Čaj pomalý.

Do průhledné čtyřlitrové sklenice se studenou vodou pověsí sáčky s čajem a kořením. Brzy ráno před odchodem do práce dá sklenici na palubu na bílý kovový stolek. A nechá slunce vyrábět čaj.

Když se k večeru vrátí, naleje si sklenici slunečního čaje, přidá do něj led, čtvrtku citrónu a ze zahrádky mátu. Sedne si do křesílka pod slunečník a vychutnává léto ve sklenici.

Nikdy jsme o tom spolu nemluvili.

Já jsem někdy v létě přes den doma a pracuju na palubě. A sleduju ten její čajový projekt. Přemýšlím o veškeré energii, která do čaje vstupuje. Uvědomuju si čas i energii. Uklidňuje mě to, zpomaluje mě to, odstraňuje to uspěchanost z mého života.

Přiznávám, že jsem si šel nejednou nalít skleničku a opatrně jsem pak do sklenice dolil vodu. Jednou jsem do čaje dal pampelišky, ale sousedka nikdy nic neřekla. O těch nejjemnějších částech přátelství není třeba hovořit.

Nedávno jsem zkusil udělat měsíční čaj.

A ono to šlo!

Teď uvažuju o čaji zimní hvězdné oblohy a také o čaji při zatmění.

Vynikající čaj by mohl být z deště meteoritů a z komety.

Moje žena tvrdí, že se podobnými věcmi nechávám příliš unést.

Přesně tak.

MYSL NA NÁS NĚKDY zkouší zvláštní triky. Čím déle já mám tu svoji, tím méně chápu, jak vlastně funguje. Jednou v červnu jsem večer jel z práce a začal jsem si pobrukovat „Ódu na radost" z poslední věty Beethovenovy Deváté symfonie. Co spouští ty nečekané hudební mezihry?

A překvapilo mě také, že jsem nezačal myslet na svou dirigentskou zkušenost z Minneapolis. Napadlo mě, co se stalo týden poté. Vlastně je to taková koda – samostatná pasáž, která završuje větší hudební útvar.

I když po těch koncertech ve Světovém divadle už orchestr Devátou opakovat nehodlal, mně se vůbec nechtělo se s členy orchestru rozloučit, a tak jsem s nimi následující týden jel na autobusový zájezd. Měli spojit koncert s výukovým programem v jednom městě na nekonečných prériích v Minnesotě.

Přijeli jsem do Marshallu v Minnesotě jednoho chladného únorového odpoledne. Vzduchem poletoval sníh. Program se konal v koncertním sále nižší střední školy. Stačilo zavřít oči a spoléhat se jenom na uši a nos a hned vám bylo jasné, že jste na nižší střední škole. Vodítkem vám byl mírně zatuchlý, upocený pach puberty a hlasy mutující ze sopránu do altu. A vše pak potvrdil jediný pohled do smyčcové sekce. Hubení hošíci se moří s violoncelly, která váží víc než oni sami, a vyčouhlé houslistky si v okamžicích, kdy nemají co hrát, upravují účes.

Profesionální hudebníci byli se studenty promíchaní ve všech sekcích orchestru. Společně si zahráli jednoduchý kus, který studenti nacvičovali několik týdnů. Za okny foukal vítr a padal sníh, ale sál se naplnil neobyčejně dojímavou hudbou. Spojily se totiž správné tóny těch, kteří svůj život zasvětili krásné hudbě, s nejistými a falešnými tóny lidí až k nesnesení nervózních, protože sedí vedle někoho, kdo hrát doopravdy dovede a tak si všimne jejich neschopnosti.

Ale obavy studentů byly zbytečné. I profesionálové kdysi byli začátečníky. Věděli, jaké to je – vzpomínali si na to. A teď mohli někomu pomoci.

Být zralým hudebníkem a hrát v profesionálním orchestru nepřináší radost pouze na koncertním pódiu, když jsou všichni slavnostně oblečeni. Hudebníci trpělivě vedli studenty za ruku přes místa, kde se dalo klopýtnout. Hudba se vlnila okamžiky úspěchu i přehmatů. Asi té hudbě dost chybělo, ale byla zahraná od srdce.

Večer jsem při koncertu nic nemusel. A tak jsem v zákulisí dělal studenta hudby i orchestrového kaplana – vyptával jsem se na různé nástroje a poslouchal, co si lidé povídají. A když byl čas nastoupit na jeviště, připadalo mi úplně přirozené, abych šel taky. Prostě jsem si vzal židli a přišel na pódium s nimi, a zatímco oni hráli, já seděl v symfonickém orchestru bez nástroje. Konečně se mi splnil dávný sen – byl jsem součástí orchestru. Hrál jsem na sebe.

Cestou domů jsme v autobuse zpívali, vypili jsme hrozně moc piva a muzikanti vyprávěli vtipy z hudebního života. Vzájemně jsme přiznali, co nám běželo hlavou, než jsme se společně pustili do té Deváté – mluvili jsme o strachu, zmatku a pocitech trapnosti. A připíjeli jsme na sny lidí, kteří si z koláče nesmrtelnosti kousek odkrojí – Beethovenovi, gymnazistům v Marshallu v Minnesotě a také nám všem.

Řekl jsem jim, že dojetím nenacházím slov. Požádal jsem je, aby na mě nezapomněli, jakože ani já nezapomenu na ně. A také aby při hraní nikdy nepouštěli ze zřetele lidi, jako jsem já. A nezapomínali, že hudba je příliš důležitá, aby byla vyhrazená jenom profesionálům.

Jestli někdy kdesi ve venkovských městečkách Minnesoty zajdete na koncert Minneapoliského komorního symfonického orchestru, možná si všimnete, že hned za violami a vedle kontrabasisty stojí prázdná židle. Členové orchestru rozhodli, že už tam bude napořád. Ta židle je určena lidem, kteří vždycky chtěli patřit k symfonickému orchestru – a ne jenom jako posluchači, ale patřit mezi lidi, bez nichž se hudební produkce neobejde. Ta židle tam je na počest lidí, kteří se – možná i zdatně – dotknou nemožného. Někdy se na tu židli posaďte.

OCITL JSEM SE V ATLANTIC CITY. V podniku Tádž Mahal pana Trumpa. Největším kasinu na světě. Pochopte, prosím, že jsem přijel přednést referát a ne hrát hazardní hry. Jsem racionální člověk a je mi jasné, že hazard je nakonec vždycky záležitost proděleč-ná. Mne k hazardním hrám přivádí intelektuální zvědavost – zajímají mě sociologické i ekonomické aspekty riskování a jeho důsledky.

Věříte tomu? Nevěřte.

Kráčím po kasinu, jen se tak rozhlížím a ďábel mi šeptá do ucha: „Zkus to – třeba máš šťastný den – někdo vyhrát musí, tak proč ne ty?"

Správně. Proč ne já? Už jsem s ďáblem na tohle téma rozmlouval několikrát. Obvykle na dostizích. A vždycky je to stejné. Nějaký ňouma vyhraje – a proč ne já? To bych teda setsakra rád věděl, proč ne já.

A ďábel pokračuje. „No tak – stačí dolar – jeden mizernej dolar tady do tý mašiny – jeden dolar, kterej ti stejně dali jako pozornost podniku – o co teda můžeš přijít?"

Tak jo. Jeden dolar.

Cinkylinky, cinkylinky, cink. DRRRRR! Světýlka se mihotají, něco zvoní, houknou sirény a 264 dolarů je mých. A zase jsem se upsal ďáblu.

Nic, ale vůbec nic se nevyrovná výhře. Nic se nevyrovná pocitu, když na člověka sedne štěstí. Je to tak.

Pokladník poletuje sálem a už se ke mně s výkřikem „TADY MÁME ŠŤASTNÝHO VÍTĚZE!" blíží.

A lidi u hracích automatů všude kolem se na mě závistivě usmívají.

Mám šťastný den.

Pak ke mně přijde pán a povídá, že je hazardní hráč, hraje kostky. Myslí si, že štěstí se může o lidi otřít, a protože viděl, jak jsem měl na tomhle automatu z pekla štěstí, nemohl bych se při těch kostkách za něj postavit, a jestli vyhraje, tak mi dá deset procent, a když prohraje, tak přece o nic nejde – stačí když mu před hodem fouknu na ruku, OK?

Jasně že OK. Mluví přece s dítětem štěstěny.

A tak ten pán zatřese s kostkami. Já mu fouknu na ruku. A on hodí a křičí při tom: ,,TAK JEDEM, ZLATÍČKO!"

A BUM, trefí se.

Zatřást, fouknout, hodit a BUM! – zatřást, fouknout, hodit a BUM! pořád se trefuje. Devětkrát, počítejte se mnou, celkem devětkrát za sebou mu to vyšlo.

To už se kolem shromáždil zástup lidí, kteří sázejí na neuvěřitelné štěstí toho pána. Uzavírají sázky, křičí, hulákají a ječí ,,TAK JEDEM!", protože ten pán vůbec svou výhru nebere se stolu – hraje s tím dál – a všechna očekávání staví na hlavu. Tak jen do nich!

Vysoká blondýnka vedle mě si potichu rytmicky prozpěvuje ,,panebože, panebože".

Ocitnout se u takového úspěchu je nádherně šílené – je to popírání zákonů štěstěny. Není to možné, a přece to ten člověk dělá. Jako provazochodec si vykračuje po laně osudu a dělá dlouhý nos na hráčskou zemskou přitažlivost. ,,TAK JEDEM, ZLATÍČKO!"

Pán se najednou zarazí a prohlásí: ,,Devítka je moje šťastný číslo." Posbírá své žetony do kapes, ukloní se krupiérovi a odchází jako vítěz. Mírně omámený dav extaticky vykřikuje a tleská. Paráda! Ten jim to ukázal!

Tuhle příhodu nikdy nezapomenu ne kvůli tomu vzrušení, štěstí, penězům, ani proto že vyhrál. Kdyby prohrál, klidně by nad tím mávl rukou.

Osobně jsem přesvědčený, že každý bezvýznamný člověk může umět dobře prohrávat.

Já nikdy nezapomenu na to, jak toho nechal, když už se dostal tak daleko.

Být vítězem je krásné. Být velkým vítězem, to dá spoustu práce.

Peníze mohou hovořit, ale nic nám nezazpívají – štěstí ano.

A jenom ti, kteří tancují s paní štěstěnou, mají všechny trumfy v rukávu.

V MÉM TAJNÉM ŽIVOTĚ jsou opěrné body. Myšlenky, slovní spojení, fakty a názory, ke kterým se často vracím – tak často, jako se při cestování dívám na mapu. Mezi těmito poklady mám i příběh ze světa šachu.

Během mezinárodní soutěže před mnoha lety prý udělal jistý Frank Marshall vůbec nejkrásnější tah v dějinách šachu. V rozhodující partii hrál celkem vyrovnaně s ruským velmistrem a najednou se jeho dáma ocitla ve vážném nebezpečí. Uniknout se dalo několika způsoby, a protože dáma je nejdůležitější ofenzívní figura, diváci čekali, že se Marshall bude řídit konvencemi a uklidí dámu do bezpečí.

Marshall se hluboce zamyslil a spotřeboval na analýzu situace na šachovnici skoro veškerý svůj čas. Vzal do ruky svou dámu, na okamžik strnul a položil ji na to nejméně vhodné místo – tam, kde ji mohly sebrat hned tři protivníkovy figury.

Marshall svou královnu obětoval; bylo to něco nemyslitelného – tah, jaký je možné udělat jedině v té nejzoufalejší situaci.

Diváci i Marshallův protihráč byli úplně konsternováni.

Rus sebral královnu věží a hrálo se dál.

Ale jak partie pokračovala, začalo se ukazovat, že Marshall podstoupil takové strategické a psychologické riziko. Nehrál šachy nijak povrchně a spoléhal na to, že jeho troufalost vyvede protivníka z míry. A štěstí i um ho neopustily.

Jeho soupeř se dostal do beznadějného postavení. Po skončené partii už bylo jasné, že bez ohledu na to, jestli by o dámu Marshall přišel, stejně by škodu utrpěl.

A když se diváci vzpamatovali ze šoku, jenž nastal po Marshallově odvážném kousku, zasypali šachovnici penězi. Marshall zvítězil velmi nezvykle a odvážně – zvítězil, protože obětoval královnu.

Pro mě není důležité, že vyhrál.
Dokonce ani to ne, že tu dámu obětoval.
Podstatné je, že Marshall potlačil konvenční myšlení na tak dlouho, aby ho takový tah vůbec mohl napadnout.
Marshall se vydal mimo tradiční a ortodoxní způsob hry a jedině na svém úsudku založil riskantní a vynalézavý tah. Marshall zvítězil bez ohledu na to, jak partie dopadla.

Vyprávěl jsem tenhle příběh už mnohokrát.
A v návodě pro život mám tuhle větu:
„Nechtělo by to obětovat královnu?“
Napadá mě v nečekaných okamžicích.

Nezapomínejte na tuto myšlenku a já mezi svými opěrnými body teď vyberu jeden z dětství. Pamatujete se na stavebnici Tinkertoys? Spojovaly se dřevěné součástky – takové cívky a kolíčky. Prodávaly se ve vysokých krabicích. Ještě se prodávají, ale dneska je celá stavebnice z plastiku.

Když jsem učil výtvarnou výchovu, vždycky na začátku pololetí jsem se stavebnicí Tinkertoys dělal takový test. Byl jsem zvědavý, jaké mají moji studenti tvůrčí instinkty. Před každého studenta jsem v pondělí postavil jednu malou verzi stavebnice. A zadání bylo záměrně stručné a jednoznačné: „Postavte něco z té stavebnice – dnes na to máte pětačtyřicet minut a pak ještě pětačtyřicet minut každý den až do konce týdne.“

Několik studentů to vyvedlo z míry. Vůbec se jim do toho nechtělo. Zdálo se jim, že je to směšný úkol. Chtěli slyšet trochu víc o tom, co vlastně očekávám, a také čekali, až co budou dělat ostatní.
Několik studentů si přečetlo návod na krabici a udělali pak něco podle vzoru, který tam byl namalovaný.
Další skupina studentů dělala něco podle vlastní

představivosti, případně se snažili přijít na to, jak vysokou nebo dlouhou dokáží sestavit konstrukci.

Skoro vždycky se alespoň jeden student vymanil z omezení té stavebnice a použil také tužky, spínátka na papír, provázek, papír z bloku a skoro cokoliv, co ve třídě našel – někdy dokonce ze třídy na chvíli odešel a z bufetu si přinesl slánky od limonád nebo ze školní zahrady klacíky a suché větvičky. A jednou jsem učil studenta, který s Tinkertoys experimentoval, kdykoliv měl volnou chvilku. Jeho výtvorů byla plná komora u ateliéru a také zabíraly pořádnou část sklepa u něj doma.

V přítomnosti takového studenta jsem měl báječný pocit.

Byl jsem svědkem, jak se uplatňuje mimořádně tvůrčí myšlení.

Měl jsem se od toho kluka co učit.

Měl jsem v něm ve třídě nečekaného pomocníka – jeho tvořivost mohla přeskočit i na ostatní studenty. Jeho i jemu podobné jsem považoval za lidi, kteří jsou ochotni obětovat dámu.

Tento charakterový rys se dá vztáhnout prakticky na jakoukoliv situaci – i na ty úplně obyčejné. Na jednoho takového studenta jsem narazil v kanceláři školy, kde pomáhal s obesíláním sponzorů žádostmi o dary. Měl na obálky lepit známky. Jenže on neolizoval známky a nelepil je na obálky. On *olizoval obálky* na patřičném místě a pak tam nalepil známku. Bouchl do ní pěstí a sahal po další.

Vysvětlil mi, že lepidlo na známkách chutná ohavně. Obálky naopak měly zajímavou skořicovou příchuť. A mimoto známky takhle lépe držely.

Podporovat tento druh myšlení má také nevýhody.

Riskoval jsem, že o ty studenty, kteří myslí jinak, přijdu.

Někdo třeba bez sebemenšího zaváhání prohlásil: „Ale já prostě v sobě nic tvůrčího nemám."

„A zdá se ti něco, když spíš?"

„No jasně."

„Tak mi pověz nějaký svůj zajímavý sen."

A student se pochopitelně vytasil s něčím velmi fantaskním. Letěl na jinou planetu, putoval ve stroji času nebo mu narostly tři hlavy.

„To je tvůrčí až až. Kdo to za tebe vymýšlí?“

„Nikdo. To já.“

„Fakt? V noci když spíš?“

„Jo.“

„Tak to zkus ve třídě a ve dne, OK?“

Ještě jeden opěrný bod a vše zapadne na své místo.

Jednoho horkého letního dne koncem srpna jsem ve starém přístavním městě Chania na řeckém ostrově Kréta hledal stín a něco studeného k pití – uchýlil jsem se pod plátěnou stříšku nábřežní kavárny. Bylo nejméně osmatřicet stupňů a vzduch se ani nepohnul. Nabito. Nálada turistů i číšníků odpovídala podmínkám, takže atmosféra byla napjatá a hádka na spadnutí.

U sousedního stolku seděl pěkný mladý pár. Ti lidé byli hezky letně oblečeni – měli věci z pomačkané látky a sandály z jemné kůže. Muž byl trochu podsaditý, snědý a měl černé vlasy a knír. Jeho partnerka byla vysoká, hubená a měla světlou pleť a blond vlasy. Čekali, až budou obslouženi, a přitom se drželi za ruce, něco si láskyplně šeptali, líbali se a hihňali.

Najednou se zvedli, popadli svůj kovový stolek, sestoupili z nábřeží a postavili stolek na mělčině přístaviště. Muž se pak ještě přebrodil zpátky pro dvě židle. Galantně partnerku posadil, bylo tam vody do pasu, a sám se posadil také.

Přihlížející se smáli, tleskali a křičeli.

Objevil se zachmuřený číšník. Na krátký okamžik se zarazil. Obočí mu vyjelo nahoru. Pak popadl ubrus, příbory a ubrousky. Přebrodil se k nim, aby jim mohl prostřít a převzít objednávku. A pak se brodil zpátky za potlesku a provolávání slávy od zbytku zákazníků. Za pár minut byl zpátky a na tácu nesl vědro s vychlazeným šampaňským a dvě skleničky. Ani na okamžik nezaváhal a brodil se i se šampaňským. Muž a žena si připili, připili i číšníkovi a lidem na břehu. Ti hulákali a házeli po nich květiny, které tvořily výzdobu na stolcích.

Další tři stolky se přidaly k obědu v moři.

A z napjaté atmosféry se stal festival.

V nejlepším letním oblečení se obvykle do vody neleze. Ale proč ne?

Zákazníci se v moři neobsluhují. Ale proč ne?

Někdy to chce překročit konvence.

A není třeba při tom být v ateliéru nebo hrát šachy.

Kdykoliv je život jako stavebnice Tinkertoys, je možné obětovat dámu.

JEDEN MŮJ KAMARÁD Z ALŽÍRSKA nejí vepřové. Byl vychován v islámském prostředí, kde je vepřové maso považováno za nečisté. I když už žije ve Spojených státech několik let a náboženství svého dětství nepraktikuje, pořád se ještě vyhýbá vepřovému v jakékoliv podobě. Někde v podvědomí ví o podobných zákazech v jídelníčku a také, že miliony lidí vepřové jedí pořád a vůbec nic to s nimi nedělá. Ale pro něj je vepřové stejně nečisté – a nedokáže uvést rozumné důvody.

Aby mi svoje pocity přiblížil, poslal mi novinový článek, kde se psalo, že „200 tisíc obyvatel Tchaj-wanu denně pije svou vlastní moč. Moč působí proti nemocem, na posílení organismu a prodlužuje život."

V těch novinách psali o muži jménem Čen Čing Čuan, který před několika lety na Tchaj-wanu žádal o novou identifikační kartu. A na policii si mysleli, že jim lže, protože vypadal tak na pětatřicet nebo čtyřicet, a přitom mu bylo čtyřiašedesát. Muž svůj mladistvý vzhled připisoval tomu, že pije vlastní moč. Toho příběhu se chytil reportér, který jinak referoval o policejních případech, a tak se ta zpráva dostala do světa. Novináři pak zjistili, že pan Čen Čing Čuan skutečně každý den vypije tři šálky vlastní moči. A ještě jim tvrdil, že ranní moč je nejlepší.

Nic si nevymýšlím.

Pan Čen Čing Čuan je dnes tak slavný a tolik lidí ho začalo následovat, že teď na speciálním telefonním čísle udílí rady ohledně močové terapie. Také si můžete zakoupit knížku nazvanou *Léčba zlatou vodou,* ve které jsou zaznamenány případy, kdy močová terapie vrátila zdraví vážně nemocným pacientům.

Lidé, kteří ji ochutnali, tvrdí, že dobře vychlazená moč zdravého člověka chutná jako pivo. A pan Čen Čing Čuan říká, že „v moči, stejně jako v krvi, je spousta výživných látek, takže ani kapku nazmar – vypijte ji všechnu. Výsledky, jaké pravidelné pití moči přináší, jsou neuvěřitelné."

Chtěl jsem si v této záležitosti udržet objektivnost, a tak jsem to konzultoval s dávným kamarádem, jehož bezúhonnost, inteligence a profesionální zkušenosti z něj dělají odborníka přes moč. Je to urolog, který se zabýval klinickou i experimentální medicínou.

Prohlásil, že se močová terapie sotva ujme, i když je pravda, že pít normální moč nikomu neublíží, a pokud uvážíme záhady, které se pojí s léčivým účinkem placeba, pak není moč o nic horší než jakákoliv látka, která tělo vyprovokuje k tomu, aby si pomohlo samo. Dále řekl, že v extrémních situacích moč mnohokrát zachránila dehydrovaným lidem život. Moč nic nestojí a máme ji při ruce. A když na to přijde, on ji také ochutnal. A opravdu moč chutná jako pivo – teplá i studená.

Z dalšího výzkumu vzešla kniha, která se hodně prodává v Indii pod záštitou Morárdžího Desájí, jenž zastával vysoké vládní posty, včetně funkce ministerského předsedy. Jmenuje se *Mana Mútra („lidská moč") – elixír života.* Je plná údajů poskytnutých lékaři a vědci, kteří vystudovali na západních univerzitách, a ti potvrzují, že každodenní pití moči je prospěšné. Je zřejmé, že to dělají miliony Indů. Pan Desájí je o tom tak skálopevně přesvědčen, že chce, aby se prosazování močové terapie stalo součástí vládního programu.

A tak jsme se dostali k těžké politice. Dovedete si představit, v jakém duchu by se u nás taková kampaň nesla? „Moje strana do celostátního zdravotního plánu zahrnula požadavek, aby každý, hned jak ráno vstane, vypil skleničku moči."

Možná by to prošlo. Tedy pokud dokážeme v rámci vládní politiky přežít ty pořádné porce koňského hnoje, proč by pak lidská moč nemohla být celkem rozumnou alternativou?

Když myslím na moč, vybavují se mi chvilky strávené v čekárnách u doktora. Tam je třeba čekat a čekat.

A není co dělat – leda si číst ve starých časopisech nebo pozorovat ostatní pacienty, zatímco oni pozorují mě. Každou chvíli zavolají nějaké jméno, ten člověk vstane, chvíli si u pultíku povídá se sestřičkou a pak se chodbou sune na záchod.

A když ti lidé vyjdou ven – je jedno, jestli je to muž nebo žena –, snaží se projít nenápadně, jako by právě provedli něco zakázaného. Rozhlédnou se, jestli se náhodou někdo nedívá. Rychle položí skleničku k sestřičce na pult a uhánějí na své místo, kde se s velkou vervou vrhnou na otrhané číslo nějakého ženského časopisu z roku 1975.

Nechali tam na pultě vzorek moči.

Všichni jsme to někdy museli udělat. Pamatujete se, jaké to bylo poprvé?

„Cože mám udělat? Tady do toho? A jak? A proč to mám sakra dělat?"

Slušní lidé něco takového provádějí pouze v zájmu lékařské vědy. Nikdy byste něco takového nedělali, kdybyste nebyli nemocní a nedonutili vás k tomu doktoři a sestřičky; dokonce ani v soukromí vaší toalety ne.

Průměrný člověk, který se dožije průměrného věku, za život vyloučí více než padesát pět tisíc litrů moči. Je zvláštní, že cosi, co všichni tak pravidelně produkujeme – cosi tak nezbytného a užitečného –, chápeme tak negativně.

Moč je nečistá. Tečka.

Ale fakta tomuto postoji vůbec nenahrávají.

Veškerá seriózní literatura, kterou jsem studoval, potvrzuje, že moč špinavá není.

Čerstvá moč je čistší než sliny.

Moč je čistší, než jaké máte skoro pořád ruce, čistší než váš kartáček na zuby, který je zaneřáděný bakteriemi, a je v ní méně choroboplodných zárodků, než v tom sendviči s tuňákem, co jste měli k obědu. Všechny ty věci jsou bakteriemi přímo prolezlé.

Moč ne. Moč v sobě žádné zárodky nemá.

Z devadesáti procent je to voda a z pěti procent močovina, což je zbytek po odbourání bílkovin.

V moči je nepatrné množství asi dvou set minerálních a dalších látek, včetně čpavku, vápníku, hořčíku, sodíku a draslíku.

A také je užitečná.

S močí můžete barvit kůži a také se dá použít jako hnojivo. Dále jako barvivo a saponát. Dají se s ní umýt vlasy.

A když umíráte žízní, moč vám prodlouží život.

Nevím, proč je žlutá, a ne třeba červená, modrá nebo zelená. Nedokázali mi to říct ani dva fyziologové a jeden urolog. Byla to moc jednoduchá otázka.

Zato vím, že všichni denně vyrobíme asi dva litry moči, a je to legální, morální, nutné a všeobecně se to považuje za správné. Když to neuděláte, tak umřete.

A ještě jednou musím zopakovat: Je jedno, co vás učili – je jedno, co si o tom, zvláště po tomhle čtení, myslíte –, ale moč prostě není nečistá.

Tak. Znamená to tedy, že začnu pít svou moč?

Ani náhodou.

NÁSLEDOVAT BUDE RYBÁŘSKÁ historka! Opravdická rybářská historka. Mám na to tři velmi důvěryhodné svědky. Nebude se jim chtít to potvrdit, protože to jsou *opravdoví* rybáři, což já možná nejsem.

Moje rybářské zkušenosti se omezují na chytání v chovné nádrži – po texasku. Na rančích bývá rybník, který je hlavně určen k plavení dobytka, ale taky tam jsou vysazené ryby. A když si chcete dát opečenou rybu, tak do rybníka hodíte zapálenou tyčinku dynamitu. PRÁSK!! A uvařit se dá všechno, co vyplave. A když moc ryb nechcete, tak do vody strčíte dráty od takového toho starého telefonu na kličku a točíte, dokud jednu nebo dvě ryby nepopravíte elektrickým proudem. To je vůbec nejúčinnější rybaření – je to rychlé, laciné, zapotřebí je minimum výzbroje, námahy a obtíží. Taky je to vzrušující.

Jednou v létě hodlali můj kamarád Willy, jeho devítiletý syn David a můj devítiletý synovec Gen, který u nás byl na návštěvě z Japonska, vyrazit vysoko do Kaskádového pohoří na pstruhy duháky k odlehlému jezeru, „do kterýho se ryby ani nemůžou vejít“. Rekordní úlovek zaručen. Nechci jet s nimi? Copak jsem mohl zůstat doma? Ještě nikdy jsem nechytal ryby jako džentlmen. Už byl nejvyšší čas.

Dodnes mám povolení schované někde v deskách. Vůbec jsem netušil, v jakou oficialitu se může rybaření zvrhnout. Číslo povolení 890046566, vydané 3. srpna 1989 v 9.30. Kromě adresy jsem musel uvést datum narození, státní příslušnost, délku pobytu ve státě, pohlaví, výšku, váhu a barvu očí. Za sedm dolarů jsem mohl chytat ryby tři dny za sebou. Podepsal jsem se na vytečkované místo pod tento text: ,,Prohlašuji, že výše uvedené údaje jsou pravdivé, a slibuji, že na požádání ochráncům přírody ukážu toto povolení i chycené ryby. Neuposlechnutí se trestá podle zákona." Nebudu citovat, co bylo drobounce napsáno na druhé straně, ale nemyslím, že bych udělal, chytil, zastřelil či poškodil cokoliv z uvedených položek. Opatřit si povolení byl zážitek, po kterém nadšení mírně vyprchalo. Někdo mi povídal, že opatřit si pistoli je daleko jednodušší, než získat povolení k rybolovu.

Sám jsem pak ještě zašel do místního obchodu se sportovními potřebami a vysvětlil jsem jim, že o chytání ryb vůbec nic nevím, ale že musím mít pořádné vybavení, protože se nechci dotknout synovce a zostudit naši rodinu a vypadat neschopně, lajdácky a nevybaveně.

Prodavačovi se moc líbilo, že mu do krámu přišel někdo jako já!

Velmi ho těšilo, že mě může poučit a vybavit.

Byl jsem moc vděčný, že jsme se chystali jenom na ryby a ne na nosorožce.

Odhadl mě na 280 dolarů. Ale vyjít z toho obchodu s rybářskou výbavou byl báječný pocit. Teď už vím, že chytání ryb tvoří z chytání ryb jenom deset procent. Zbytek je výzbroj. A měl jsem pocit, že jsem připravený. Ať už to safari začne. A ať se mají ryby na pozoru. Vzhůru na houževnaté pstruhy!

S kompletní tábornickou výbavou jsme my čtyři napochodovali do hor a k jezeru ,,kam se ty ryby nemůžou vejít", postavili jsme stany, pohovořili jsme o tom, kolik bychom klidně spořádali ryb, a šli jsme spát.

Za rozbřesku jsme se vydali ke klidné hladině.

Zatímco tři pořádní rybáři už několikrát nahodili a nechytili nic kromě vodních rostlin, mně se konečně podařilo rozmotat zašmodrchaný vlasec, zdráhavě jsem o háček rozmáčkl nespolupracujícího červa a neladně jsem vlasec s návnadou mrskl do vody.

JEJDA! Škubnutí! Navíjím – a na konci jsem našel velmi malou rybu. Jak malou? Tak malou, že jsem ještě v životě neviděl, že by někdo takhle mrňavou rybu chytil. Co s ní mám udělat? ,,Vyndej jí háček z pusy a hoď ji zpátky."

Nikdo mě nepřipravil na vyndavání háčku z pusinky toho po dechu lapajícího rybího miminka. Něco tak příšerného provádět živé bytosti. Jednou mi to úplně stačilo. Říkám si, že když to tam hodím bez návnady, nic nechytím a nebudu muset zase provádět tu příšernost s vyndaváním háčku. Zachovám si tvář. Budu jen tak dělat, jako že chytám ryby.

Druhé nahození. JEJDA! Zase to škublo!

Navíjím. Netopýr. Ano – ne–to–pýr. Malinký netopýrek, chycený za křídlo. Nějak jsem ho musel chytit ve vzduchu a pak jsem ho utopil, když jsem ho táhl vodou.

„A jakou maj mít míru tyhle?" ptám se svých rybářských kolegů a ukazuju jim netopýra, aby to zvážili. Ta zpráva se stěhovala po břehu jezera.

„Strejda chytil netopýra."

„Cože?"

„Zeptej se táty, co s ním má dělat."

„Pan Fulghum chytil netopýra a chce vědět, co s ním má dělat."

„Cože?"

Všichni se kolem mě seběhli – „V životě jsme neviděli, že by někdo chytil netopýra."

Úplně lapali po dechu.

A také byli naštvaní.

Přece jsme nepřijeli chytat netopýry. Takové blbnutí.

Odtrhl jsem netopýra z háčku a udělal mu hrobeček. A uvědomil jsem si, že rybolov k mé karmě zrovna nepatří. Ne každý je předurčen k tomu, aby se stal rybářem.

Seděl jsem sám na tábořišti, pojídal svou pochodovou dávku sušeného ovoce a oříšků a házel jsem oříšky syslům, kteří se motali kolem našich stanů. Abych si ukrátil dlouhou chvíli, sundal jsem z vlasce háček, na konec jsem přivázal oříšek a hodil návnadu k syslovi. Ten ji okamžitě spolkl.

JEJDA! Chytil jsem sysla! Honil jsem ho po tábořišti a snažil se ho přitáhnout, abych z něj oříšek a vlasec vytáhl. Všiml si mě synovec, který tu nejnovější zprávu poslal dál.

„Strejda chytá sysly – zrovna jednoho chytil."

„Cože?"
A už tu byli – obklopeni oblakem prachu a nedůvěry.

Já, který jsem rybářskou výpravu zneuctil svou nesmyslnou lehkovážností, jsem byl zticha. A jim, protože nic nechytili – vůbec nic, ani rybičku –, také nebylo do řeči. A moc jsem tomu nepomohl, když jsem nadhodil, jestli bychom se neměli stavit v kempu se pstruhovou nádrží, kde si každý může nachytat sám, a trochu tak vykompenzovat náš nezdar.

Měli jsme si přinést trochu dynamitu.

PŘI VÝTVARNÉ VÝCHOVĚ jsme vždycky na jaře mívali měsíční program nazvaný „Části lidského těla". Studenti byli rozděleni do skupinek po třech a každý byl střídavě malíř a model – jeden vždycky nehnutě seděl a ostatní dva se posadili hodně blízko a soustředili se na malování určité části jeho těla. Museli se pozorně dívat a za celý den namalovali jenom jednu věc – oko, nos, ucho, palec, ret, obočí, zub, vlasy a loket. Pak jsme přešli k límečku, knoflíku, šperkům, přezce na opasku, tkaničce a palci na noze.

Toto cvičení bylo předehrou k malování portrétů. Pomohlo studentům přenést se přes mentální horu, za níž přišli na to, že dovedou namalovat detail. Namalovat celou postavu najednou už se pak nezdálo tak hrozivé.

Studenti, kteří měli sedět modelem, se vždycky zdráhali. Dospívající si bolestivě uvědomují sami sebe.

A nejvíc jim bylo nepříjemné, když je někdo zblízka a pečlivě pozoroval.

„Já nechci, aby mě malovali."

„Proč?"

„Jsem ošklivá."

„Namalujou ty moje beďary."

„Vypadám příšerně, protože mám rovnátka."

„Ten můj nos je děsnej – vůbec na něj nechci myslet."

Ale kvůli umění a také ze strachu, že nedostanou dobrou známku, nakonec studenti většinou spolupracovali. Nejhorší to bylo s obličeji. A když jsme zvládli obličeje, pokračovali jsme dál. S rukama to šlo. S lokty také – většina studentů si lokte ještě nikdy nevšimla, ani svého, ani cizího. Kolena byla srandovní a kolena s namalovanými obličejíčky úplně fantastická. Moc zajímavé byly podkolenní jamky – své vlastní člověk moc lehce nezahlédne.

Problém byl s prsty na nohou. Dívky dost nerady odhalovaly svoje nohy. Zout si ve třídě boty a sundat ponožky jaksi bylo poněkud choulostivé. Dívky si myslely, že mají ošklivé prsty u nohou, a abych řekl pravdu, dost často to tak bylo. Už v šestnácti stačila móda napáchat příšerné škody – prsty měly otlačené a zdeformované a navíc na patách popraskanou ztvrdlou kůži. Pro umělce pohled moc zajímavý, pro dívku trapný, pro kluka odpudivý. Na druhou stranu se na klukovské nohy lépe koukalo, zato zápach byl někdy tak silný, že se studenti na malování moc dlouho nesoustředili. Na kreslení je nejhorší překonat předsudky.

Projekt ,,Části lidského těla" skončil jednoho květnového dne vzpourou studentů. Navrhl jsem totiž, že budeme malovat pupíky.

Byli jsme přece na školním výletě a studenti měli šortky, trička, vršky od plavek nebo vůbec byli jenom v plavkách, protože to byl výlet k vodě. Hodně pupíků už stejně bylo odhaleno.

A mimoto jsme se pupíky ještě nikdy nezabývali. Ani já, ani oni jsme v životě neviděli detailní obrázek pupíku. V tu chvíli došlo na tvůrčí přístup – alespoň jsem měl ten dojem.

A také došlo na vzpouru. Ani nápad! Studenti se červenali. Rukama si zakrývali odhalené pupíky. ,,Na můj pupík se nikdy nikdo nedívá. Ani já ne."

,,Je to úplně morbidní nápad – co si máma pomyslí, až si domů přinesu svůj namalovaný pupík a přidělám ho na ledničku."

Napadlo mě, že by to jeho matku mohlo potěšit –protože si její syn vzpomněl na spojení s ní –, ale ten kluk už byl rozhodnutý. Kdepak.

A u toho zůstalo. Dobrovolníci se nenašli.

Už se nedalo tolerovat, jak moc jsem se odvážil konvence překročit. A studenti nebyli sami, kdo protestoval. Nanesl jsem ten problém ve sborovně a zeptal se kolegyně: ,,Vadilo by ti, kdybych tě poprosil, abys mi ukázala pupík? Chtěl bych ho namalovat."

V obvykle hlučné sborovně najednou nastalo hrobové ticho.

Kolegyně se nervózně zasmála, někdo pronesl něco vtipného, ale celá záležitost byla smetena se stolu jako něco nepatřičného, hloupého a ,,trochu moc osobního, nemyslíš?"

Co to je s těmi pupíky? Co si o svém pupíku myslíte? Kdybychom váš pupík vyfotografovali a pověsili fotografii na zeď mezi pupíky stovky lidí, poznali byste ten svůj?

Zeptal jsem se své lékařky.

I ji to trochu vyvedlo z míry. A kdepak – svůj pupík mi ukazovat nebude.

Sdělila mi, že jakmile se během několika měsíců po porodu jizva po pupeční šňůře řádně zahojí, lékařská věda s ní končí. Neznáme žádné nemoci pupíku. Pupík také neplní žádnou úlohu při sexu a vyměšování. Lékaři nikdy nekontrolují jeho stav, dokonce ani při těch nejdůkladnějších vyšetřeních ne. Velmi vzácně je na pupíku z kosmetických důvodů provedena plastická operace – po operaci nebo zranění břicha, případně když je pupík mimořádně ošklivý –, ale to je asi tak všechno.

„Dal by se pupík chirurgicky odstranit?" zeptal jsem se.

Paní doktorka se za mnoho let studia i lékařské praxe s takovou otázkou nesetkala. „Nedotklo by se to vaší matky?" zeptala se mě.

„Také mě to napadlo."

V zájmu poznání a vědeckého výzkumu jsem si příště při koupání vzal zrcátko a pořádně jsem nad pupíkem zapřemýšlel.

Je to taková známka smrtelnosti.

Když přemýšlím o všech souvislostech, jako bych přemýšlel o vlastní smrti.

Vůbec si nejsem jistý, že věřím tomu, co vím.

Je to jizva, kterou máme všichni. Jednoznačný důkaz, že jsme savci – důkaz, že jsme součástí té ohromné evoluční řady bytí, která se táhne miliony let proti proudu času.

Je to nenápadná, dávná připomínka toho, že život pochází ze života – lidé vznikají uvnitř lidí a pak je odstřihnou, aby z nich byly svobodné osobnosti. Je to válečná jizva – výsledek zápasu o samu existenci. Takové purpurové srdce každého člověka.

Židé mají takové požehnání, jímž onu spřízněnost podtrhují. Je to v jidiš.

„A gezunt dir in pupik." Je to takový pohodový pozdrav.

Znamená to: „Ať se daří tvému pupíku.“

Je to srdečné a upřímné přání – bez jakýchkoliv postranních úmyslů.

Ironické, legrační a všezahrnující přání, aby vám bylo co nejlépe, a to od samého středu vašeho bytí. Tak tomu jest, amen.

OD OSOBNÍ KONEČNOSTI PUPÍKŮ k nekonečnosti všehomíra.

3,14159265358979323846264338327950288419 7 a tak dál a tak dál a dál.

Pí nebo také π. Vyjadřuje, kolikrát se průměr kružnice vejde do jejího obvodu. Nebo, jinými slovy, délku obvodu vydělenou vzdáleností přímky vedoucí prostředkem kružnice.

Pokud naše znalosti stačí, ten poměr se nedá vypočítat úplně přesně.

Zatím se z nekonečné přehlídky číslic nevynořil žádný systém.

Pí je proto transcendentní číslo.

Já nejsem a nikdy jsem ani nebyl nadšenec do matematiky. Ale když mi tohle na nižším gymnáziu sdělili, měl jsem pocit, jako by mi do ruky dali konec tenounkého provázku, který vede do nekonečnosti. Tady nešlo o matematiku, ale o metafyziku.

V deváté třídě jsem se pak zúčastnil soutěže v tom, kdo si zapamatuje nejdelší pí. Dostal jsem se až k devětatřicátému desetinnému místu. A byl jsem třetí. Ještě i dnes mám někde v hlavě v kartotéce devětatřicet desetinných míst pí – a ta jsou stále ještě napojena na něco nepochopitelného.

Nekonečnost pí fascinuje matematiky už téměř čtyři tisíce let. Nejstarší záznam je na egyptském papyrovém svitku z doby asi 1650 před Kristem.

V sedmnáctém století vypočítal holandský matematik Ludolf van Ceulen pí na pětatřicet desetinných míst, což je dost pozoruhodný výkon, pokud pracujete jedině s hlavou, tužkou a papírem. Pí mu duševní energii odčerpávalo skoro po celý život a bylo pro něj tak důležité, že si je nechal vytesat na náhrobní kámen.

Tušíme sice, že v pí není a nikdy nebude možné žádný řád sledovat, ale honička stále pokračuje – zvláště teď, když máme na povel ty výkonné superpočítače. Klidně dokážeme bilion desetinných míst. Rychlostí sto milionů operací za sekundu dospěli nyní vědci ke dvěma miliardám dvě stě šedesáti milionům třem stům třiceti šesti desetinným místům a celé to končí 9896531. Napsat to do jediného řádku, vedlo by to číslo ze Seattlu až do Miami. A když se pozorně podíváte, ještě ani teď neuvidíte žádné schéma, které by vedlo ke konci.

No a co? Koho to zajímá?

Ty, kteří chtějí vědět, co se skrývá mimo dnešní vědění.

Ty, kteří chtěli vědět, jak vypadá odvrácená strana Měsíce.

Ty, jež pohání stejná zvědavost, která na oběžnou dráhu pomohla velkému teleskopu, spustila zkoumání, jestli na Marsu není biosféra, zahájila výzkum buňky a rakoviny a také projekt, jehož cílem je kontaktovat inteligentní bytosti v kosmu. Stejné pocity vedou ke zkoumání víry v posmrtný život a povahy Boha.

Ty, kteří jsou přesvědčeni, že *prostě nějaké vysvětlení existovat musí.*

Nepřehledná řešení a volné souvislosti nemáme rádi. Chceme, aby bytí vyrůstalo z dvojkové soustavy. Ano nebo ne. Černé nebo bílé. Dobře nebo špatně.

Hodně současné techniky je založeno na binárním principu.

Většinu jevů můžeme zredukovat na složité posloupnosti skládající se z dichotomií jako ,,zapnuto–vypnuto", ,,otevřeno–zavřeno" a ,,ano–ne". Jazyk počítače, na kterém právě teď píšu, je založen na dvojkové soustavě. Podle zavedeného úzu má každé písmeno abecedy vyhrazen osmibitový kód sestávající z jedniček a nul.

Stejné je to s Morseovou abecedou z časů telegrafu – tečka nebo čárka. A dnes máme na zboží ty kódy sestávající z tenkých a tlustých čárek. Něco nebo nic. Bytí nebo nebytí. Jin nebo jang. Už v biblických časech v Chrámu rozhodovaly dva kameny – Urim a Thummin, kterými se házelo, aby se zjistila vůle Boží.

Pí tady k těm věcem nezapadá. Pí je spíš taková vesmírná odysea – most mezi známým a nekonečným. Je to hádanka, která existuje všude ve vesmíru – kdekoliv se vyskytne něco kulatého. Od tvaru planet k vlnám kosmické energie, spirále života v DNA, kulaté čočce v lidském oku a tvaru každého člověka, dokonale kulatému vajíčku, jímž jsme všichni byli těsně před početím. Tam všude jde o pí. Elegantní záhada vztahu mezi současně působícími slůvky *okolo* a *napříč*.

Nalezneme v ní vůbec někdy nějakou opakující se zákonitost?

Poznáme někdy přesně, jaký Bůh vlastně je?

U zásadních otázek se vždycky zdá, že odpovědi visí někde v prostoru.

A odpověď je vždycky stejná...

PÍŠE SE ROK 2050. V jednom velkém východoevropském městě – městě, které přežilo všechny výkyvy nejméně tisícileté lidské aktivity – je na náměstí v centru poněkud neobvyklý památník. Bronzová socha.

Nepředstavuje vojáka ani politika.

Ani generála na koni nebo panovníka na trůnu.

Zato postavu celkem obyčejného muže, jak sedí na židli.

A hraje na violoncello.

Kolem na podstavci jsou kytice.

Když budete dobře počítat, zjistíte, že v každé kytici je dvaadvacet květů.

Ten violoncellista je národním hrdinou.

A když se zeptáte, jaký se k té soše váže příběh, řeknou vám, že v tom městě kdysi zuřila občanská válka. Demagogové rozfoukali jiskry nenávisti mezi příslušníky různých náboženských a etnických skupin. Každý se stal nepřítelem někomu jinému. Nikdo nezůstal mimo a v bezpečí. Muži, ženy, děti, nemluvňata i starci – mladí a staří, silní i slabí, bojovníci i nezúčastnění – nakonec se všichni, úplně všichni stali obětmi. Bylo hodně zmrzačených, hodně zabitých. A ti, kteří nezemřeli, žili v rozvalinách města jako zvířata.

Až na jednoho muže. Hudebníka. Violoncellistu. Chodil každý den na jedno určité nároží. Měl na sobě slavnostní večerní oblek, seděl na očouzené židli a hrál na violoncello. Věděl, že ho možná zastřelí nebo zmlátí, ale stejně hrál. Přicházel každý den. A hrál tu nejkrásnější hudbu, kterou znal.

Každý, každičký den. Dvaadvacet dní za sebou.

Jeho hudba byla silnější než nenávist. Jeho odvaha silnější než strach.

A po čase jeho hraní uchvátilo i další muzikanty, kteří si na ulici sedli vedle něj. To gesto odvahy bylo nakažlivé. Každý, kdo uměl zpívat nebo hrát na nějaký nástroj, se někde ve městě postavil na křižovatku a muzicíroval.

Po čase boje ustaly.

Ale hudba, město a lidé žili dál.

Krásný příběh. Hezké vyprávění. Taková si vymýšlejí dospělí, aby mohli dětem povídat něco inspirujícího. Podobné povídání bývá v turistických průvodcích – vysvětlují tam a přikrašlují legendy, které se váží k sochám na veřejných prostranstvích. A turisté se na takových místech rádi fotí.

Je na takovém podobenství trochu víc, než jenom že uznáváme, jak je vytváření mýtů sentimentální? Skutečný svět takhle přece nefunguje. Víme to všichni. Z violoncellistů se národní hrdinové většinou nestávají – a hudba války neovlivní.

Vedran Smailović s tím nesouhlasí.

Jeho fotografii jsem viděl v *New York Times Magazine* z července 1992.

Muž středních let, delší vlasy, mohutný knír. Na sobě má slavnostní večerní oblek. Sedí uprostřed ulice na židli z kavárny. Před pekařstvím, kde koncem května dopadla mina u fronty na chleba a zabila dvaadvacet lidí. A hraje na své violoncello. Jako člen orchestru Sarajevské opery toho s nenávistí a válkou mnoho nezmůže – jsou v Sarajevu přítomné už několik století. Přesto po celých dvaadvacet dní hrál navzdory ostřelovačům i dělostřelecké palbě velmi dojemné Albinoniho Adagio g moll.

Uvažuju, jestli si právě tento kus vybral, protože věděl, že vznikl z rukopisného fragmentu nalezeného po druhé světové válce v rozvalinách Drážďan. Ta hudba přežila bombardování. Možná proto ji hrál na rozmlácené sarajevské ulici, kde lidé umřeli, když čekali na chleba. Něco nad hrůzou zvítězit musí.

Je ten muž blázen? Možná. Je jeho gesto zbytečné? Ano, podíváme-li se na to střízlivýma očima, tak ano, samozřejmě. Co může jeden violoncellista dokázat? Co je to za bláznovství postavit se sám na ulici a oslovit svět dřevěnou škatulí a smyčcem. Co může dělat violoncellista?

Neumí nic jiného. Tiše svým violoncellem promlouvá, notu po notě, a jako krysař z Hamelnu vyhání krysy, které lidem zaneřádily hlavy.

Vedran Smailović je skutečná postava.

Jeho čin se skutečně stal.

Vymyšlené nejsou ani ta fronta na chleba, mina a hudba.

Navzdory všem pohádkám k podobným věcem ve světě, v němž žijeme, skutečně dochází.

Někdy dějiny zaťukají na úplně obyčejné dveře, aby se přesvědčily, jestli je někdo doma. Někdy někdo doma je.

Skoro každý v Sarajevu teď ví, co může violoncellista dokázat; z místa, kde Vedran hrál, je dnes totiž taková svatyně – místo, kde se vzdává pocta. Chorvati, Srbové, muslimové i křesťané – všichni znají Vedranovo jméno i tvář.

A tam, kde hrál, pokládají květiny. Připomínají tak naději, která nesmí nikdy zemřít – naději, že jednoho dne jaksi to nejlepší z lidství přemůže to nejhorší, nikoliv nějakým nečekaným zázrakem, ale naopak očekávanými činy mnohých.

Sarajevo není jediné místo, kde Vedrana Smailoviće znají. Jedna umělkyně v Seattlu ve státě Washington viděla jeho fotografii a přečetla si jeho příběh. Jmenuje se Beliz Brotherová. Opravdu existuje – to jméno jsem si nevymyslel. A co že může umělec dělat?

Beliz dala dohromady dvaadvacet violoncellistů, aby po dvaadvacet dní hráli na dvaadvaceti veřejných prostranstvích v Seattlu. A poslední den jich všech dvaadvacet hrálo před výkladem, v němž byly vyložené spálené plechy na chleba, dvaadvacet bochníků chleba a dvaadvacet růží.

Lidé si to přišli poslechnout. Byli tam novináři a televizní kamery. A celý příběh i fotografie spolykaly zpravodajské agentury celého světa. A poslaly to zpátky Vedranu Smailovići, aby věděl, že jeho hudbu lidé slyšeli a předávají si ji dál. V mnoha městech se našli další hudebníci. Ve Washingtonu D. C. vyhrávalo dvaadvacet violoncellistů v den inaugurace našeho nového prezidenta. Kdo ví, kdo to třeba zaslechne? Kdo ví, co se třeba stane?

Miliony lidí zahlédly Vedranův příběh v *New York Times*. Miliony viděly a slyšely, jak se toho nekonečného příběhu chopily sdělovací prostředky.

A teď už to znáte i vy.

Povězte to někomu. Je to naléhavé. Ať ta zpráva ve světě žije.

A co se týče konce tohoto příběhu – kdo z nás se odváží tvrdit, že to, co následovalo, se stát nemůže? Kdo říká, že v sarajevském parku nikdy ten památník stát nebude? Ten cynik, který přebývá v nejtemnějších zákoutích mých tajných myšlenek, tvrdí, že jeden violoncellista válku nezastaví a hudba že je koneckonců jenom rekviem zaznívající čímsi nepředstavitelným.

Ale kdesi hluboko si myslím něco jiného.

Poslechněte si to.

Nikdy – zdůrazňuju: nikdy nelitujte ani se neomlouvejte, pokud uvěříte, že když si jeden muž nebo jedna žena troufnou oslovit svět pravdou, svět se třeba zastaví uprostřed toho, co právě dělá, a poslechne si to.

Máme až příliš mnoho důkazů, že je tomu právě naopak.

Ale když tomu přestaneme věřit, hudba určitě ustane.

Mýtus jakéhosi neuskutečnitelného snu je silnější než všechny historické skutečnosti. V duchu kladu květiny k soše Vedrana Smailoviće – k památníku, který ještě nestojí, ale *možná* stát bude.

A mezitím v sarajevských ulicích hraje muž na violoncello.

POZNÁMKA PŘEKLADATELE

Vydání již čtvrté Fulghumovy knížky (málokdy sedí označení „knížka" tak dokonale) za dva roky může být důvodem k menšímu zamyšlení nad fenoménem (jak jej označil jeden recenzent) R. F. – již jen proto, že nyní nutně musí následovat zatím neznámo jak dlouhá přestávka. Vždyť takhle se přece nedá pokračovat do nekonečna, říkají si svorně čtenář, recenzent i překladatel, a trochu se děsí, že dá.

Ohlas na Fulghuma je pro mě překvapením a tak trochu záhadou. V čem vlastně je jeho síla a kouzlo, jakési fluidum? Vždyť neříká nic, co bychom už dávno nevěděli, co nemá každý čtenář sám za sebe rozmyšlené. Navíc bývá mírně „americky" hysterický, sentimentální a až příliš osobní. A přece jako by se nás ve svých nejlepších okamžicích dotýkal nějakým prazákladním poznáním, s nímž se můžeme ztotožnit, jako by dával recept na překonání bolesti. Snad je to tím, že o takových věcech se obvykle nemluví, alespoň ne ve stavu příčetné střízlivosti. A i když se tomu snad ani nechce věřit, nepíše pořád stejně. Po dvou velmi košatě bizarních názvech, pod nimiž se skrývaly velmi nekošaté texty, se autor „rozepsal" (právě tohle mu část čtenářů neodpustí) – následovaly dva tituly neméně bizarně dvou– a tříslovné, ale obsah Fulghumovi působením nepřímé úměry poněkud nabobtnal.

Co bude dál, možná v tuto chvíli – těsně po americkém vydání Možná, možná ne *– neví ani sám autor. Zatím se svou hudebně literární show objíždí americká města a shání milion dolarů k charitativním účelům. Málokdo* takhle *žije v souladu s tím, co hlásá.*

září 1993 *Jiří Hrubý*

ROBERT FULGHUM /
MOŽNÁ, MOŽNÁ NE

Z anglického originálu
Maybe (Maybe Not)
(Villard Books, New York 1993)
přeložil Jiří Hrubý
Obálku navrhl Vladimír Nárožník
Vydal Odeon, nakladatelství krásné literatury a umění,
jako svou 5139. publikaci v redakci krásné literatury
Praha 1993
Odpovědná redaktorka Eva Slámová
Technická redaktorka Pavla Vokounová
Vytiskla Polygrafia, a. s., Praha
7,17 AA /7,45 VA
Vydání první
13/34 01-035-93